Pierre Savorgnan de Brazza

COLLECTION DESTINS

déjà parus

Louis Blériot
Alexandra David-Néel
Theodore Roosevelt
René Caillié
Ferdinand de Lesseps

USHUAÏA
présente

Pierre Savorgnan de Brazza

de Marc SICH

Lattès

« Parfois il était misérablement enfantin. Il voulait des rois pour l'accueillir à la gare à son retour de quelque sinistre Nulle part, où il se proposait d'accomplir de grandes choses. »

Joseph CONRAD,
Au cœur des ténèbres.

LES CRIS DU CONGO

Dans un angle, des sagaies en désordre. Sur les murs, des toiles colorées. Un fusil de chasse posé sur une chaise de camp. Sextant, boussole, théodolite, podomètre gisant, épars, près d'une tente de brousse. Tous ses souvenirs de campagnes étaient là, rassemblés, dans le sous-sol de sa villa, située sur les hauteurs d'Alger. Une carte de l'Afrique équatoriale s'étalait sur la table. Il l'avait tant explorée, du bout des doigts, qu'elle était usée et salie. Les trente plus belles années de sa vie y étaient gravées. Cours d'eau ébauchés, Ogooué, Congo, Sangha, Oubangui. Forêts esquissées, savanes estompées, marais hachurés... Son âme s'accrochait à ces taches minuscules : Libreville, Franceville, Brazzaville. De l'Atlantique au centre du continent, ce territoire immense qu'il avait arraché à l'inconnu c'était le Congo, « son » Congo. Des millions de kilomètres carrés « offerts à la France », au compte de l'humanité. Il avait tout donné au Congo. Le Congo lui avait tout rendu, mais il n'avait pas su le retenir.

Sept ans s'étaient écoulés depuis que Pierre Savorgnan de Brazza vivait retiré dans sa villa algérienne en compagnie de quelques amis pour entretenir la flamme. L'aventure pour lui semblait terminée. Et puis deux missionnaires, pères du Saint-Esprit, arrivant des rives de l'Oubangui étaient venus implorer son aide. Le Congo saignait, disaient-ils. Ils parlaient de Noirs enchaînés, assassinés, d'exploitants avides et brutaux, d'impôt indigène, de saccage des richesses naturelles... Brazza avait écouté sans rien dire. Les missionnaires avaient alors quitté son domaine de Dar es-Sangha. Il les avait regardés s'éloigner sur le chemin bordé d'orangers et de lauriers-roses, puis disparaître derrière les pins et les eucalyptus, avec la Méditerranée pour décor.

Il avait traversé le hall, orné des gouaches et des sculptures de son père, pour se rendre dans la bibliothèque peuplée de livres de voyages. L'Atlas de Ptolémée était là, bien sûr, avec ses *terrae incognitae*, grands espaces blancs qui l'avaient tant fait rêver. Dans une vitrine trônait la bague offerte par le négus Ménélik II sur laquelle était gravé : « Comme l'aiguille tu vêts les autres et restes nu ». Il était abasourdi. Comment croire les récits des pères ? Ils avaient laissé là comme une ombre, un peu de son Afrique.

Quelques mois plus tard, résidant à Paris, Brazza recevait un télégramme signé d'Emile Loubet, président de la République, et de Clémentel, ministre des Colonies. On le sollicitait pour une mission d'inspection au Congo. C'était un jour de l'hiver 1904. Il avait cinquante-trois ans.

Comment résister à cet appel ? En le voyant blanchi, grossi, tout engoncé dans sa redingote boutonnée, nombre de ses proches avaient tremblé. Mais à quoi bon le retenir ? Ils se remémoraient les paroles, prononcées vingt-quatre ans auparavant par le bel aventurier italien, à la source de l'Ogooué : « Mon esprit fatigué, surexcité par la fièvre, embrasse en quelques instants le passé, le présent et l'avenir de l'œuvre à laquelle j'ai donné fortune, jeunesse et santé. Ceux qui ont éprouvé la force du dévouement à une idée me comprendront. »

Pierre Savorgnan de Brazza n'avait pas le choix, il retournait au Congo. Son destin l'emportait de nouveau.

1902

1.

Il entraîne ses frères dans la vieille barcasse rafistolée, mais la tempête se lève...

Pietro naquit à Rome, le 25 janvier 1852, au sein d'une famille de la vieille aristocratie du nord de l'Italie, fidèle au culte des ancêtres, indifférente aux mondanités. La nourriture était simple, frugale, le confort réduit, les lits n'avaient rien de moelleux, on ne chauffait pas les chambres. La chaleur était ailleurs, dans les cœurs d'un père et d'une mère qui savaient insuffler le sentiment du devoir accompli et une formidable joie de vivre. Des treize enfants, Pierre était le septième.

Ascanio, le père, châtelain d'Udine, comte de Brazza, Cergneu, Savorgnan, bénéficiait du titre exceptionnel de citoyen romain, pour échapper à la botte autrichienne. La fièvre des voyages avait animé ses ancêtres. Les trompes d'éléphants qui ornaient leur blason témoignaient du séjour en Afrique d'un comte de Frioul. D'autres étaient allés aux Amériques, certains en Chine. Ascanio était parti à son tour, après avoir étudié la peinture auprès d'un maître hollandais de Bologne. Il avait gagné la France que ses convictions profondes le poussaient à aimer. Libéral farouche, républicain, Ascanio épousait les idéaux d'égalité et de fraternité. Plus tard, il avait visité l'Angleterre, la Grèce et l'Egypte, remontant le Nil jusqu'au Soudan. Puis il s'était réfugié dans la Ville éternelle où il avait rencontré celle qui allait être sa femme.

Giacinta Simonetti appartenait à la grande famille Priuli qui s'enorgueillissait d'avoir donné deux doges à la République de Venise. Elle épousa Ascanio en 1834. Elle avait seize ans et lui quarante. Giacinta était douce et cultivée, imprégnée de son rôle de femme d'aristocrate. Elle tenait d'une main ferme l'hôtel spacieux que les Brazza occupaient à Rome — Ascanio était devenu conservateur du musée du Capitole — et la maison de villégiature à Castel Gandolfo. Elle menait calmement la turbulente meute des enfants. Pierre n'était pas le dernier à solliciter le flegme de sa mère.

Lors de vacances au bord du lac d'Albano, il découvrit une vieille barque abandonnée, qui aurait appartenu à un ecclésiastique écossais. Il la rafistola, la dota d'un mât, d'un gréement de fortune et s'improvisa capitaine de vaisseau. Un jour qu'avec deux de ses frères, il s'était éloigné de la rive, le ciel s'assombrit et la tramontane forcit, levant des vagues vicieuses. La peur gagna les membres de la famille rassemblés sur la berge. Panique à bord. Ses frères étaient près de sauter à l'eau. Mais Pierre garda son sang-froid. A la barre, il commanda la manœuvre et ramena l'équipage jusqu'au rivage. Ascanio et Giacinta n'eurent pas le cœur de le réprimander. Qui sait si son père ne lui adressa pas quelque félicitation, en cachette. Il n'avait que huit ans.

La bibliothèque familiale lui offrait la nourriture dont son imagination était avide. Il chevauchait avec les guerriers indiens de Fennimore Cooper, repoussait les attaques des cannibales aux côtés du Robinson de Daniel Defoe. Un mélodrame lui donna l'idée de creuser un tunnel de la cour de leur maison romaine au pied du ministère des Finances ! Ascanio émerveillait son fils avec les récits de ses propres voyages, en particulier celui qui l'avait conduit aux portes du Soudan, avec l'Afrique entière offerte à sa vue. Le jeune Pierre buvait ses paroles en tremblant d'émotion.

Cette sensibilité lui jouait cependant des tours. Le jour fini, les héros de ses lectures se muaient en monstres menaçants. C'est pourquoi, Pierre décida de se rendre seul, de nuit, dans le cimetière de Castel Gandolfo afin de conjurer sa terreur. Ses cauchemars finirent par le laisser en paix.

Du cran, il en fit encore preuve ce jour où des braconniers lancèrent sur lui un énorme chien-loup pour l'empêcher de libérer des oiseaux pris au collet. Pierre savait que la bête avait déjà mordu. Il aurait dû fuir, mais il se campa face à l'animal et le regarda droit dans les yeux. Le chien excité s'arrêta à quelques centimètres de sa proie, renifla la main de l'enfant, et finalement se détourna.

Cette bravoure raisonnée, cette force de caractère, il suffisait de les solliciter. Brazza était un de ces êtres prompts à réagir, de ceux que la menace éclaire, que le danger inspire.

Le bonheur des Brazza aurait été total s'ils avaient pu retourner en Vénétie libérée. En 1860, les défaites autrichiennes de Magenta et Solférino et le couronnement de Victor-Emmanuel avaient ramené l'espoir. En 1866, lors du rattachement de la Vénétie à l'Italie, Ascanio avait regagné le Frioul avec les siens et retrouvé les vieilles demeures familiales de Soleschiano et Brazzaco. Ils continuèrent néanmoins de résider à Rome où les enfants étudiaient.

Pierre n'était pas un élève assidu. Il préférait le grand air au grec et au latin qui le rebutaient. En revanche la géographie le passionnait. Il hantait la bibliothèque du collège, lisait *Ivanhoé* et des histoires de naufrages apocalyptiques, spécialité du siècle. Des traités plus sérieux, en particulier ceux qui concernaient l'Afrique, excitaient sa curiosité. Le célèbre *Atlas* de l'astronome d'Alexandrie Claude Ptolémée, achevé à la fin du premier siècle de notre ère, proposait des cartes sur lesquelles s'étendaient, comme un appel, d'immenses territoires vides de toute description, baptisés « Terres inconnues ». Pages blanches sur lesquelles tous les enfants épris d'aventure écrivaient leurs rêves.

Un professeur sut l'intéresser : le père Angelo Secchi, jésuite, astronome de grande renommée. Il emmenait Pierre dans son observatoire, lui montrait ses instruments, expliquait leur fonctionnement. Un jour, intrigué par cette attention, le savant lui demanda ce qu'il souhaitait faire plus tard. Brazza répondit sans hésiter :

— Je veux être marin, dans la marine française.

Pourquoi marin ? L'aventure, bien sûr. Pourquoi la France ? Pour la liberté, la fraternité, l'humanité. Le père Angelo Secchi, impressionné, s'amusa de son aplomb.

— J'ai eu ce matin la visite de l'amiral

français, Monsieur le marquis de Montaignac, reprit-il avec malice. Si tu n'avais pas fait l'école buissonnière, j'aurais pris plaisir à te le présenter.

Brazza faillit s'évanouir ! Sa vocation était profonde, réfléchie. Cette rencontre manquée, c'était la chance de sa vie qui s'envolait. Touché, le père Secchi se rendit auprès de l'amiral commandant la flotte basée à Civita-Vecchia pour le solliciter. Recevrait-il ce jeune Italien amoureux d'une France qu'il ne connaissait pas ?

— Pourquoi pas, répondit Montaignac. Je le verrai volontiers.

L'entrevue eut lieu un matin de 1865, à l'hôtel Minerva où résidait le marquis. Brazza avait treize ans. Sa mère avait donné son accord, son père sa bénédiction. Mais comment s'habiller pour honorer un amiral ? Pierre pilla la garde-robe de ses frères... et de ses sœurs. A l'une d'elles, il subtilisa une paire de gants jaune vif du plus bel effet ! Et ce fut ainsi accoutré qu'il plaida sa cause. La fougue fit oublier le ridicule. Montaignac ne vit que la flamme dans les yeux de l'adolescent. Celui-là ne trichait pas. Et puis, l'Italie allait avoir besoin de marins aguerris. Quelques jours plus tard, l'amiral rencontra Ascanio et Giacinta. La décision fut prise d'envoyer Pierre à Paris. Le réputé collège

Sainte-Geneviève de la rue des Postes, tenu par les jésuites, préparait à l'Ecole navale, ce vaisseau apponté à Brest et que l'on appelait le « Borda ». Le pape lui-même donna son agrément. Ce jour-là, l'existence de Pierre Savorgnan de Brazza avait bifurqué.

Le sang des doges de Venise coulait dans ses veines et le poussait au voyage. Ses qualités morales et physiques étaient celles d'un homme d'action. L'influence de son père, humaniste fervent, l'invitait à servir cette France parée de toutes les vertus. Mais il fallait que la chance plaçât sur sa route le seul homme capable, à ce moment, de donner un coup de pouce au destin. Ce fut Montaignac.

Brazza quittait l'Italie plein d'espoir. Paris fut une épreuve. Il était interne au collège Sainte-Geneviève et la promiscuité lui était douloureuse. On y travaillait beaucoup. Le français, il le maîtrisait si mal ! Et le climat ! Le soleil, hélas, ne l'avait pas suivi. Malgré les attentions d'une cousine, la duchesse Fitz-James, liée aux Brazza par les Borghèse, malgré le soutien de Montaignac, Pierre souffrait, mais sans se plaindre. Ce qu'il vivait, il l'avait voulu. L'orgueil faisait office d'aiguillon.

En décembre 1868, admis à l'Ecole navale à l'approche de sa dix-huitième année, il partit pour Brest le cœur allègre. Cette fois, rien qui lui déplût, à l'exception de la discipline, plus stricte encore qu'au collège. Il se fit des amis. Parmi eux un certain Julien Viaud, qui devint célèbre sous le nom de Pierre Loti.

Brazza n'étudiait bien que ce qu'il estimait utile. En mer, c'était autre chose ! Le « cartahu » (meilleur marin dans l'argot de la Navale) dans toute sa splendeur, audacieux, efficace, habile. Il montait dans la mâture par gros temps, se risquait dans les vergues, intrépide et sûr. Les officiers lui confiaient la barre lorsque la manœuvre devenait délicate.

A l'été 1870, il sortit de l'Ecole Navale, 44e sur 62. Le sort s'apprêtait à lui sourire encore puisqu'on l'affectait dans les forces de l'Atlantique Sud, près des côtes d'Afrique. Mais la guerre venait d'éclater et la hiérarchie refusait qu'un officier à titre étranger fût impliqué dans un conflit franco-prussien. Finalement, il fut affecté sur la frégate la *Revanche*... Trop tard. La déroute militaire et politique ne permettait plus à la France d'investir pour ses armées. Il profita de la solennité du moment et de son caractère symbolique pour demander sa naturalisation.

L'année suivante, la guerre terminée, Brazza fut versé dans l'escadre de la Méditerranée. Son navire, la *Jeanne d'Arc*, transportait une compagnie de débarquement chargée de réprimer l'insurrection des Kabyles dans la vallée de la Soumane. Les accrochages furent violents, le sang coula. Brazza garda le souvenir désagréable d'une action qu'il réprouvait. Civiliser le fusil à la main ? Ce n'était pas son genre.

A vingt ans, Pierre Savorgnan de Brazza aspirait à servir une noble cause, sous le drapeau de la France. En quel lieu ? Il n'en savait rien. Moins de trois ans plus tard, au printemps de 1874, cette question, pour lui, était réglée : sa voie était tracée et il s'adressait, par lettre, au marquis de Montaignac, devenu ministre de la Marine et des Colonies : « J'ai acquis la conviction que l'Ogooué, dans nos possessions du Gabon, en amont des premiers rapides, est encore un fleuve très considérable... Il présente, à mon avis, une voie d'exploration de l'intérieur de l'Afrique... Je compte le remonter aussi loin que possible. S'il n'a pas un cours aussi considérable que je le pense, je le quitterai et, sans penser au retour, je m'enfoncerai vers l'Est-Nord-Est ; à bout de ressources, je m'arrêterai chez les différentes peuplades et, apprenant leur langue, lentement il est vrai, je pourrai peut-être continuer ma route à la recherche des lacs ou du fleuve par où doit s'écouler la grande masse d'eau qui tombe sous l'équateur... Je connais les dangers auxquels je m'expose... Je sais que la santé, même la plus robuste, n'affronte pas impunément, dans ces climats, des fatigues et des privations pareilles. Je sais aussi qu'il faut que je sois très heureux pour que le résultat vienne couronner mes efforts. Néanmoins, fermement décidé et avec un ardent désir de réussir, je l'entreprends et je n'aurai pas été inutile si l'Ogooué aura eu sa première victime, car un autre, plus heureux, reprendra la route que j'aurai ouverte. »

Comment avait-il pris sa décision ?

Au retour de son expédition en Algérie, nommé aspirant de première classe, il avait été mis à la disposition de l'amiral Courault du Quilio, commandant des forces navales de l'Atlantique Sud. En 1872, il embarquait sur la *Vénus*, une frégate chargée de surveiller les côtes de l'Afrique occidentale, où l'on se livrait encore, de façon ouverte ou clandestine, à la traite des esclaves.

Enfin l'Afrique, la vraie, et pour une juste cause ! La chance d'ajouter son nom à la liste des grands explorateurs dont il avait dévoré les écrits à l'Ecole Navale : Mungo Park, Thomas Baines, Georg Schweinfurth, John Speke, Heinrich Barth, Nachtigal et surtout David Livingstone qu'un autre aventurier, le reporter Henry Moreland Stanley, venait de retrouver sur les bords du lac Tanganyika.

Enfin l'Afrique ! Alors que se succédaient

mollement les assommantes journées de mer, la côte ouest du mystérieux continent enflammait Brazza. « Ma pensée aventureuse n'avait cessé de devancer le navire, écrivit-il. Je voulais m'élancer à la conquête de l'inconnu. Les taches blanches de la carte, qui jadis avaient stimulé mon imagination, m'attiraient d'autant plus que je les voyais avoisinant la côte. »

Dans ces eaux, avant lui, et depuis le XVIe siècle, avaient fait route les navires des armateurs de Dieppe et de Rouen, de Saint-Malo, du Havre et de Nantes, de La Rochelle, de Bordeaux. Ils cherchaient l'or, l'ivoire et les esclaves. On avait créé les factoreries de Gorée, que protège le cap Vert. On avait pris pied à Dakar, dans les îles de Djogué, à l'entrée du fleuve Casamance. On avait fondé d'autres établissements, plus bas, sur la Côte des Graines, la Côte d'Ivoire, la Côte de l'Or, la Côte des Esclaves et à l'embouchure du Niger. Plus bas encore, avant d'atteindre l'équateur, il y avait le Gabon et Libreville.

C'est là que vint mouiller la *Vénus*. Pierre Savorgnan de Brazza et son Afrique rêvée firent enfin connaissance. Libreville était un embryon de cité, grimpant les collines dans la rade du fleuve Gabon. Des cases en branchages et en terre séchée, un mauvais appontement et quelques maisons en dur. Ici se côtoyaient des

missionnaires, des commerçants, des têtes brûlées. Le jeune officier de marine, grand type maigre au regard dense, aux gestes vifs mais aux manières douces s'émerveillait de tout. Pour lui, Libreville était un lieu mythique où la France avait prouvé à l'Afrique qu'elle incarnait l'humanité.

Une manière de symbole, en effet, que cette petite cité dont l'histoire se mêle aux idéaux français de fraternité et de liberté.

En 1839, le lieutenant de vaisseau Edouard Bouët-Willaumez, commandant du brick la *Malouine*, chassant les négriers se lia d'amitié avec les chefs des principaux villages de la côte.

Le roi Denis, chef de la rive sud de la baie du Gabon, fut le premier à signer un acte autorisant l'établissement d'un poste français. Le traité, ratifié par le Parlement français, stipulait que « le roi se rangeait dorénavant sous la protection et la souveraineté de la France ».

Plus tard, en 1849, lorsque la frégate *Pénélope* captura le négrier *Elisa,* les esclaves libérés fondèrent sur place un village, cité française baptisée Libreville. C'était de cette façon, « pacifique et émancipatrice », que Brazza souhaitait entrer dans l'Histoire.

Depuis deux ans déjà la *Vénus* patrouillait. Chaque mouillage pouvait être le point de départ d'une exploration. Tout restait à faire. De l'intérieur de l'Afrique centrale et équatoriale, on ne connaissait pratiquement rien. La « tache blanche » de l'atlas couvrait un territoire compris entre 6° de latitude Nord et 6° de latitude Sud.

Au printemps de l'année 1874, la *Vénus* vint mouiller à l'embouchure de l'Ogooué. Ce fleuve commençait d'éveiller l'intérêt des nations. Des explorations plus ou moins heureuses s'étaient succédé sur ses rapides. Outre la France qui devait maintenir sa position dominante au Gabon, l'Angleterre et l'Allemagne, toutes puissantes en Europe, étaient sur les rangs. Avec ses camarades Ganneron et Latour, Brazza effectua une reconnaissance dans la lagune et sur le fleuve. Une simple escapade touristique dont il rapporta quelques bibelots. Une bref envol... mais qui lui donna des ailes de géant !

Tandis que son navire regagnait l'Europe, Brazza rédigeait un rapport et une lettre à Montaignac par lesquels il sollicitait l'attribution d'une mission d'exploration officielle à partir des possessions françaises du Gabon. Objet : découvrir le « grand déversoir des pluies équatoriales » et ébaucher un axe de pénétration ouest-est à travers l'Afrique centrale. Il ajoutait que l'Ogooué présentait un

« intérêt pour le commerce », ce dont il se moquait comme de sa première vareuse, mais il voulait convaincre.

De retour à Paris, il y apprit que sa demande de naturalisation était acceptée. Une joie teintée d'amertume, car cette décision le privait du grade d'officier obtenu à titre étranger : il se retrouvait simple matelot ! Dans ces conditions, impossible d'obtenir la mission qu'il souhaitait. Il ne lui restait plus qu'à passer le brevet de capitaine au long cours. Ensuite, ses puissantes relations l'aideraient à réintégrer la marine militaire, avec le grade d'enseigne de vaisseau.

En France, on subissait encore les contrecoups des grands bouleversements des dernières années. La IIIe République avait été proclamée, en pleine guerre, le 4 septembre 1870. Le gouvernement de la Défense nationale avait capitulé devant Bismark et l'armistice avait permis l'élection d'une Assemblée nationale qui ferait la paix. Le tribut était lourd : cession à l'Allemagne de toute l'Alsace, sauf Belfort, d'une bonne partie de la Lorraine et cinq milliards d'indemnités de guerre à payer. Le 18 mars 1871 éclatait la Commune de Paris.

La perte de l'Alsace-Lorraine et les horreurs de la guerre civile avaient profondément marqué les esprits. L'Empire allemand venait d'imposer son hégémonie en Europe. L'humiliation était grande et les Français cherchaient ailleurs une dignité perdue. L'aventure coloniale était un de ces « ailleurs ». Tandis qu'à l'Assemblée nationale se déchiraient orléanistes, légitimistes, républicains conservateurs, bourgeois modérés et radicaux, tandis que Mac-Mahon succédait à Adolphe Thiers, en 1873, dans la fonction de président de la République sans pouvoir, l'opinion publique se laissait séduire par les aventures lointaines.

Ferdinand de Lesseps, l'artisan de l'ouverture du canal de Suez était fêté comme un héros national. La mort, en 1873, de l'explorateur du Mékong, le lieutenant de vaisseau Francis Garnier, victorieux à Hanoï, attrista un public qui ignorait où se trouvait le Tonkin. Les sciences et les explorations inspiraient la littérature. L'éditeur Hetzel constituait une « écurie » d'auteurs de choc : Viollet-le-Duc, Hector Malot... Jules Verne.

Brazza se sentait à l'aise dans cet univers, bien dans son temps, aussi assuré que sur une pirogue de l'Ogooué. Il passa avec succès son examen de capitaine au long cours. Cherchant des soutiens, il devint un familier des grandes familles aristocratiques du faubourg Saint-Germain, les Fitz-James, les Lamoricière, les Castries, et se lia à Gambetta et Jules Ferry, pour s'ouvrir les portes républicaines des ministères des Affaires étrangères et de l'Instruction publique. Rien d'autre que le projet qu'il avait conçu ne lui importait. Tout à sa tâche, une seule nouvelle l'attrista vraiment : Livingstone venait de mourir en Afrique. Le missionnaire intègre, le voyageur infatigable, le géographe pertinent s'était éteint à soixante ans. Les explorateurs du monde entier avaient perdu leur conscience.

Mais en février 1875, le bonheur balayait la tristesse : Montaignac lui annonçait qu'il était réintégré dans la marine française et que son projet de mission était accepté. Pierre Savorgnan de Brazza venait d'avoir vingt-trois ans.

2.

Les esclaves qui touchent le drapeau de la France sont libres...

Brazza n'avait pas la moindre idée de la façon dont se préparait une mission d'exploration en Afrique. Mais d'instinct il se préoccupait du choix des hommes. « Je voulais d'abord être le seul Blanc de l'expédition. Mais je crois maintenant que j'augmenterais de beaucoup mes chances de réussir si je pouvais m'adjoindre un autre Blanc, deux tout au plus... Il serait très avantageux qu'un de mes compagnons possédât une certaine instruction, car alors l'exploration ne serait pas arrêtée si l'un de nous deux venait à faire défaut. Je ne sais si je pourrai trouver ce compagnon, mais un matelot de la *Vénus* m'accompagnera. C'est un homme courageux et bien décidé qui, je crois, ne reculera pas. » Ce dernier qui s'appelait Victor Hamon tiendra les fonctions de quartier-maître.

A Paris, les aventuriers se rencontraient au Quartier latin, dans un restaurant nommé « La Petite Vache ». L'explorateur Jules Crevaux l'avait fréquenté, avant de trouver la mort en Amérique latine. De même qu'Henri Duveyrier qui, l'un des premiers, avait approché les Touaregs du Hoggar. Serpa Pinto et Cameron y venaient aussi, tout comme Richard Burton, le découvreur du lac Tanganyika, lors de ses séjours en France. Brazza y fit la connaissance d'influents personnages de l'univers colonial, parmi lesquels Francis Charmes qui allait devenir le directeur de la célèbre *Revue des deux mondes*. Il n'y trouva pas cependant les compagnons qu'il cherchait.

Un jour, peu de temps avant la date prévue du départ, il reçut la visite d'un homme jeune, d'une taille supérieure à la moyenne, avec un peu d'embonpoint. Il était pâle de visage et son menton s'ornait d'une barbe blonde. Sous le bras un journal acheté la veille, dans lequel avait paru cet entrefilet : « M. de Brazza a terminé ses préparatifs pour l'accomplissement de la mission d'exploration dans l'Afrique occidentale que lui a confiée le ministre de la Marine. Il n'attend plus pour partir que d'avoir trouvé un jeune médecin qui consente à l'accompagner. »

— Est-ce vrai que vous cherchez un médecin ? demanda-t-il d'une voix douce qui contrastait avec la froideur de son aspect.

— En effet, répondit Brazza en le regardant droit dans les yeux. Vous avez cette qualité ?

Il ne pouvait s'en prévaloir, du moins pas encore puisqu'il n'avait pas passé sa thèse, mais il voulait partir. Sans doute cette conviction simple et sans détour rappela-t-elle à Brazza son entrevue avec Montaignac. Et puis ce type-là lui plaisait : il serait son deuxième compagnon. Engagé sur-le-champ, il fut inscrit sur la liste des effectifs en qualité de « médecin auxiliaire ». Il se nommait Noël Ballay et sa destinée allait être liée à celle de son chef de mission, jusqu'à son dernier souffle.

Le troisième homme de l'expédition était le naturaliste Alfred Marche, du Museum. Le seul du groupe à posséder une réelle expérience de l'Ogooué, pour l'avoir reconnu en partie, encore récemment, lors d'une mission où il lui appartenait de recueillir des collections ornithologiques et minéralogiques.

Pour soutenir et escorter les trois Européens, la marine attribuait à Brazza treize soldats sénégalais, marins autochtones, que l'on nommait « laptots ». Recrutés à Saint-Louis, alors une des villes les plus actives de la côte Atlantique, ils étaient spécialement initiés au tir au chassepot. Des interprètes allaient être choisis parmi le personnel gabonais de Libreville, en fonction de leurs origines ethniques et donc de leur connaissance des langues pratiquées dans les régions susceptibles d'être traversées par l'expédition.

Pour équiper sa troupe, Brazza disposait des crédits accordés par les ministères et les sociétés géographiques. Des finances si maigres qu'il dut ouvrir sa propre bourse et solliciter sa famille. Qu'emportait-on en Afrique équatoriale à la fin du siècle dernier quand on n'avait pas idée de la durée du séjour ? Il fallait improviser. L'un achetait des pioches et des chaussures, l'autre des boîtes de conserve (des choux, des épinards, des carottes), un troisième fournissait une boussole. En guise de médicaments : quinine, sulfate de soude, camphre, nitrate d'argent. Pour se défendre des fusils, des revolvers. Pour le troc, des cotonnades et de la pacotille. Du sel : six cents kilos ! On fit également provision de vingt-quatre flacons d'élixir. Le tout emballé « dans des caisses en fer blanc renfermées dans des doubles caisses en bois »... Un inventaire à la Prévert que Brazza qualifiait de « préparatifs minutieux ». L'audace restait le meilleur bagage.

Le 20 août 1875, Pierre Savorgnan de Brazza quittait Bordeaux. Le 4 septembre, il atteignait Saint-Louis du Sénégal et s'occupait aussitôt de la sélection des laptots, tandis que son équipe, partie le 1er septembre de Toulon sur le *Loiret*, faisait route pour le rejoindre. Le 20 octobre, la mission au complet atteignait Libreville au Gabon et arrivait à temps pour profiter de la crue de novembre, favorable à la remontée du fleuve.

Premier incident : deux pirogues seulement les attendaient sur les cinq prévues. Et ces lourdes embarcations ne permettaient pas de franchir les rapides. Autre contretemps : deux laptots, atteints de fièvres et trop affaiblis pour envisager le voyage, devaient être rapatriés au Sénégal. Non seulement rien n'avait été prévu au Gabon pour faciliter son entreprise, mais dès qu'il essaya de recruter des porteurs, Brazza comprit qu'il disposait de moyens financiers trop limités et que la tâche allait être rude.

Plus grave, plus inquiétant, un Autrichien, le docteur Oskar Lenz, les avait devancés. Il s'affrontait déjà aux rapides de l'Ogooué, dans les régions éloignées contrôlées par les tribus ossyebas. Sachant la mission française sur ses talons, il n'hésitait pas à payer le prix fort pour disposer de pagayeurs. Il n'y avait donc plus de temps à perdre. Brazza était décidé à le rattraper « avant un mois et demi ». Le 3 novembre, tout le monde embarquait sur le *Marabout*. Le cap Lopez était bientôt contourné et la canonnière à vapeur pouvait s'engager sur l'Ogooué. Destination : Lambaréné, le premier poste installé à cent cinquante kilomètres en amont.

A l'eau verdâtre de l'estuaire succédèrent les flots boueux du fleuve. Le *Marabout* longeait une rive plate, au-delà s'étendait une prairie herbeuse. Devant Brazza et ses compagnons se dessina un mur vert. La canonnière s'engageait alors dans un chenal bordé de colosses : les fabuleux palétuviers des marécages du bas Ogooué. Fûts hauts et droits lancés à l'assaut de la lumière, entrelacs de puissantes racines aériennes plongées dans la boue puante et molle. Des bancs de sable, des tapis d'herbes aquatiques, des papyrus... L'émerveillement ! Bientôt assombri par le pénible sentiment d'être petit à petit englué. Peau moite, chemises collées aux dos ; les casques coloniaux, bien que légers, devenaient insupportables. Une oppressante moiteur : plus de quatre-vingt-dix pour cent d'humidité dans l'air, presque la saturation absolue ! Une impression renforcée par l'épaisse végétation qui bouchait l'horizon. A mesure que les membres de l'expédition remontaient le fleuve, laissant planer au-dessus des eaux la fumée du vapeur, la forêt équatoriale se refermait sur eux.

Au confluent de la N'Gounié et de l'Ogooué, le village de Lambaréné (on disait alors Ilimba-Reni) était creusé au cœur de la végétation, étouffé par le feuillage permanent des arbres géants, noyé par les lourdes pluies quotidiennes. L'endroit convenait davantage aux moustiques et cancrelats qu'aux voyageurs mal acclimatés. Quant à la population du poste, elle manquait d'enthousiasme. « Les indigènes se montraient sinon hostiles, du moins peu empressés à nous être agréables. Nous ne pouvions nous passer de leur travail pour conduire nos pirogues, en raison de la grande quantité de marchandises que nous étions forcés d'emporter... Tout se paie avec des étoffes, des verroteries, de la poudre, des armes. » Pour avancer il fallait payer porteurs et pagayeurs et pour payer il fallait emporter davantage à porter. Un cercle vicieux dont les expéditions européennes ne parvenaient pas à s'extraire .

Difficulté supplémentaire, les rives de l'Ogooué abritaient des tribus rivales, souvent en guerre. Les négriers les avaient habituées à la concurrence. Elles « rançonnaient » à qui mieux mieux les Blancs et on ne les dupait plus sur la valeur des marchandises. Lors de son passage, le docteur Lenz s'étant montré prodigue, avait fait monter les cours. Brazza enrageait.

« — Alugu, alugu ! (eau-de-vie, eau-de-vie), je n'entends que ça ! C'est le fond de la langue du pays, disait-il. Et moi qui par humanité n'en ai voulu apporter que le moins possible.

— Les Noirs de ce village se moquent de nous, renchérissait Noël Ballay. Ils ne cessent de nous montrer un tonneau d'alcool d'au moins cent-cinquante litres !

— Un cadeau du docteur Lenz... Cadeau empoisonné. »

Le 27 décembre, par la force des choses, Brazza baissait les bras.

« — Je suis vaincu, avouait-il à Ballay. Il faut mettre de côté toute considération d'humanité et voir la réalité en face... J'ai demandé que l'on m'expédie de la côte quatre cents litres d'eau-de-vie. »

Dix ans auparavant, Rénoqué, roi des Inengas, avait signé un traité par lequel il reconnaissait le protectorat de la France, ce qui ne l'empêchait pas de se payer la tête de Pierre Savorgnan de Brazza. Durant deux longs mois, l'explorateur s'exténua en palabres et se ruina en cadeaux. Il avait tenté de mettre les tribus en concurrence pour obtenir les pirogues dont il avait besoin. En vain. S'il avait réagi avec brutalité, s'il s'était laissé gagner par la colère, sans doute son aventure se serait-elle terminée là, ou à quelques kilomètres en amont, c'est-à-dire nulle part. Mais l'aristocrate italien n'avait rien d'un hussard et se conformait aux principes de Livingstone, se soumettant au « continuel exercice de patience ». Non pas qu'il brûlât de la foi de l'évangéliste anglais, mais cette méthode était efficace.

Alfred Marche, le délégué du Museum, était parti seul en amont pour tenter d'établir des contacts. Brazza s'installa à quelque distance du village, sur une colline appelée Adolinanongo et mit son attente à profit pour apprendre les langues véhiculaires, les dialectes, les rites fétichistes, les coutumes. Il cherchait à comprendre ces hommes pour qui le temps ne comptait pas.

A la nuit tombée, avant de rejoindre son mauvais lit de camp et de sombrer dans un sommeil troublé par le grondement sourd du fleuve, il assistait aux danses, du poignard, de l'amour, de l'éléphant. Ces cérémonies lui enseignèrent l'universalité du langage du corps. Par lui, tout peut être exprimé, tout peut être montré. Cette leçon, il ne l'oublierait pas et ne sous-estimerait jamais le rôle de la sorcellerie.

Le roi Rénoqué était aveugle. Jeune encore, il s'était infligé cette mutilation avec de l'eau bouillante, parce qu'un sorcier lui avait assuré qu'il verrait mieux par les yeux de la pensée et démasquerait ainsi ses ennemis. Une folie pour les Européens. Une banalité dans cette forêt de préhistoire. L'Afrique est une terre de magie.

Du fond de ses ténèbres, Rénoqué observait Brazza, scrutait son âme et jugeait. Il finit par accepter de lui vendre neuf grandes pirogues et de louer les services de cent pagayeurs. Brazza venait d'user le premier obstacle... à prix d'or. Car si Rénoqué avait donné l'ordre à ses sujets de faciliter partout la tâche de la mission, ce n'était pas sans contrepartie. Brazza fit les comptes : « Les pirogues que j'ai achetées ont été payées en moyenne chacune : cinq barils de poudre, cinq fusils, deux grands bassins en cuivre, dix barres de cuivre (ces barrettes sont faites de fil de cuivre de la grosseur des tringles à rideaux), dix corbeilles, deux haches, une caisse de sel, dix pierres à fusil, dix miroirs, des pierres assorties et vingt-cinq pieds de tabac. »

Rénoqué avait compris que l'invasion des Blancs était inéluctable et qu'il fallait s'enrichir aussi vite que possible. Le « commerce » le plus juteux était encore celui du « bois d'ébène ». D'ailleurs, Brazza n'était pas dupe : « Probablement, sûrement même, cinq ou dix esclaves achetés avec les marchandises que je lui ai cédées descendront d'ici à la côte pour être vendus aux mulâtres portugais de l'Ile du Prince à Saint-Thomas, lesquels continuent ce trafic. Ceci ne me regarde pas ; mais je me rappelle avec plaisir la prise par le *Marabout*, il y a quelques mois déjà, de deux pirogues portant un pareil chargement. »

Des nouvelles lui étaient parvenues d'un certain lieutenant-colonel Cameron, un explorateur anglais qui aurait traversé l'Afrique. Parti de Zanzibar sur la côte est, il aurait gagné Saint-Paul de Loanda sur l'Atlantique. La découverte du « continent mystérieux » s'intensifiait. Il fallait que Brazza se hâte s'il voulait y jouer un rôle.

Le 11 janvier 1876, il quittait Lambaréné en direction du village de Lopé, situé à trois cents kilomètres de la côte. Une véritable flotte s'élançait à contre-courant sur l'Ogooué : une dizaine de pirogues, larges d'un mètre, longues de quinze à dix-sept mètres, hautes sur l'eau de dix centimètres. Les efforts cadencés de vingt pagayeurs propulsaient les plus longues. Une caisse servait de siège à Brazza. Les embarcations étant instables, il ne devait pas changer de position. Pluies diluviennes, atmosphère suffocante : les jours succédaient aux jours. « On part le matin de bonne heure et on voyage jusqu'à midi. On fait alors une courte halte sur un banc de sable et on en profite pour déjeuner. A deux heures, de nouveau en route jusqu'à la soirée. Alors, on redescend sur un banc de sable, et l'on se prépare à passer la nuit à dormir tout en se garantissant de la pluie du mieux qu'on peut, chose fort difficile ». Pour éviter le courant le plus fort, les pirogues longeaient la berge. Parfois des nuées de taons et des essaims d'abeilles fondaient sur les pagayeurs qui se jetaient à l'eau pour échapper à la brûlure des piqûres. Les repas se prenaient sous les moustiquaires pour éviter l'assaut des insectes. Un réchaud d'argile, produisant beaucoup de fumée, permettait de cuire les aliments sans que les mouches y tombent par centaines. L'eau de boisson était puisée au fleuve, où flottaient parfois les cadavres d'animaux emportés par la crue. Tous les soirs, la tornade s'abattait sur l'Ogooué et l'abri du poncho caoutchouté n'empêchait pas les voyageurs de patauger dans la fange. La nuit, une simple natte jetée sur le sol détrempé servait de lit.

Dans cet enfer, Pierre Savorgnan de Brazza demeurait un parfait gentleman, « silencieux comme un duc » quand ses compagnons échangeaient des propos quotidiens sans importance ; exubérant et loquace à l'excès lorsqu'il avait l'occasion d'évoquer ses projets. Il savait aussi être intrigant, se montrer capricieux si on ne lui obéissait pas. Dur à la fatigue, il faisait l'admiration de ses hommes avec qui il partageait tout. S'il se montrait d'une urbanité exquise dans les moments de détente, lorsque des querelles survenaient, il faisait semblant de dormir pour écouter les réflexions éventuellement hostiles de ses hommes, abandonnait volontairement des objets bien en vue pour surprendre un voleur.

Juché sur sa pirogue, maigre, légèrement courbé, avec cette figure allongée et osseuse, le poil noir, parfois coiffé d'un turban, il passait pour un prince arabe. Porté par son ambition et son idéal, il acceptait les souffrances du voyage comme une « pénitence exemplaire ».

Cette pénible remontée de l'Ogooué usait la patience des plus braves, mais elle aurait débouché sur un succès rapide, si leur santé avait été épargnée. Ballay flancha le premier. Quelques jours plus tard, Brazza lui-même s'effondra sur sa natte, terrassé, la tête en feu, les artères battant à se briser.

Les conquérants de l'Afrique équatoriale faisaient connaissance avec les compagnes les plus fidèles de leurs périples, celles qui les saisissaient quand elles le voulaient, qui les rendaient fous, qui ruinaient leurs forces, minaient leur volonté : fièvre bilieuse hématurique, furonculose larvée appelée « crow-crow », fatigues hépatiques incurables, anémies, dysenteries, vomissements... Les tributs que réclamait l'Afrique et que la médecine ne savait vaincre. « Vingt fois par nuit, dans la brousse, j'ai connu le supplice chinois d'offrir les parties basses de mon individu aux piqûres de nuées de moustiques et aux morsures douloureuses des fourmis noires géantes », écrira plus tard, non sans humour, un autre compagnon de peine de Brazza. Et les soins qu'ils s'infligeaient n'étaient pas moins écœurants que les symptômes. Quand les vomissements continus empêchaient l'administration des médicaments par voie buccale, ils devaient recourir aux lavements au sulfate de soude, puis au laudanum, à la quinine, au calomel. Le rejet de ces liquides avec la bile diluée leur valait « de garder les mains vertes pendant une semaine ».

C'est à l'aune de ces maux et de ces douleurs qu'il faut mesurer l'héroïsme de ces hommes perdus dans une région parmi les plus hostiles de la planète.

Le 16 janvier 1876, la caravane piroguière atteignait le village de Samquita. Durant deux jours, des soins furent prodigués à Ballay, mais son état ne s'améliora pas suffisamment pour qu'il pût envisager de poursuivre sa route. Laissé à la garde du quartier-maître Victor Hamon dans ce village, il allait s'efforcer de surmonter sa fièvre, tandis que Brazza repartait à l'assaut des rapides de l'Ogooué. Il voulait au plus vite rejoindre Alfred Marche à Lopé, en amont du fleuve.

Les pagayeurs livraient une guerre quoti-

dienne contre le fleuve. Lors de ces combats, sept pirogues se renversèrent et des caisses de matériel sombrèrent. Celles qu'ils parvinrent à récupérer ne contenaient plus que des vivres gâtés, des vêtements inutilisables et des instruments hors d'usage. Des piroguiers passaient parfois par-dessus bord et ne reparaissaient jamais. Le soir, quand les tornades destructrices s'abattaient sur la forêt, l'avance n'était plus possible. On en venait à douter de l'utilité d'un si long cheminement.

— Et quel sera notre sort au-delà du royaume de Rénoqué ? demanda un jour Brazza au représentant du roi qui l'accompagnait.

— On sera chez les Okandas. Puis nous aborderons la terre des Ossyebas.

— Ils connaissent les Blancs ?

— Oui... Pour le commerce. Mais ils n'aiment pas qu'ils pénétrent sur leur territoire.

En vérité, les contacts avec ces tribus avaient été rares et peu courtois. Ils avaient autrefois arrêté sans ménagement Alfred Marche et ses compagnons. A présent, inflexibles, ils immobilisaient le docteur Lenz.

Le 10 février, la caravane parvenait enfin à Lopé. Sordide et misérable amas de cases sales et ruinées, le village s'avérait toutefois l'un des principaux centres économiques de l'Ogooué. Sentinelle avancée d'un commerce toujours florissant : la traite des esclaves. Brazza décida d'y établir son quartier général afin de réorganiser son expédition et de nouer des relations avec les tribus voisines.

Sa première tentative fut un échec : les villageois refusaient de remonter le fleuve avant la baisse des eaux. Cela reculait la date du départ de plusieurs mois. Brazza n'y pouvait rien. Il lui fallait avant tout acheminer les marchandises qui lui faisaient défaut. Il envoya un émissaire à Noël Ballay, qui achevait de se rétablir en aval, en lui demandant d'assurer leur transport. De nombreux laptots sénégalais et interprètes, minés par la maladie, n'étaient plus en mesure d'aller de l'avant. Ballay lui-même avait besoin d'un vrai repos dans des lieux plus hospitaliers. Il fut chargé de rapatrier les grabataires au Gabon et de se remettre sur pied. Il avait aussi pour mission d'engager de nouveaux personnels puis de rejoindre son chef. Quant à Brazza, il ne pouvait que tromper l'attente en resserrant les liens établis avec les tribus.

Une nuit, des cris retentirent dans le campement. Réveillé en sursaut, Brazza bondit hors de son lit de camp et se dégagea de sa moustiquaire. Un esclave fugitif se précipitait vers lui en hurlant. Il avait rompu ses entraves et venait se jeter au pied du « grand Blanc » pour demander protection. Son maître était à ses trousses.

En bon « propriétaire » de marchandise humaine, il réclama son dû. Brazza hésita. Il aurait volontiers expulsé le trafiquant *manu militari,* mais il risquait ainsi de s'attirer l'hostilité de sa tribu. Il n'en était pas question, pas plus que de refuser son aide au fuyard. Finalement, il trancha en offrant quatre cents francs en paiement de l'esclave. Une somme fabuleuse que l'ancien maître accepta sans broncher.

Très vite, la nouvelle se répandit qu'il y avait au bord du fleuve un homme blanc assez fou pour payer un esclave une fortune, l'affranchir, et lui offrir un salaire de pagayeur. Stupéfaction ! Brazza n'avait pas cherché à frapper les imaginations, mais c'était chose faite. En quatre siècles, personne ne s'était conduit en libérateur sur les rives de l'Ogooué.

Il mesura l'impact de son geste quelque temps plus tard. Quatre, puis vingt esclaves vinrent se jeter à ses pieds et le supplier de délier sa bourse pour leur liberté. L'œuvre émancipatrice dont il rêvait était à portée de main. Il fallait à cela de la solennité. Au milieu du campement, il fit hisser le pavillon français et, désignant le mât, il lança à la cantonade :

— Tous ceux qui le touchent sont libres. Nous, la France, ne reconnaissons à personne le droit de maintenir un homme en esclavage.

A mesure que les esclaves approchaient, il ordonnait aux laptots sénégalais de leur ôter du cou les fourches de bois et de briser les chaînes à leurs chevilles. Il fit ensuite aligner soldats et affranchis pour un salut au drapeau.

Les tribus de l'Ogooué n'en revenaient pas. Les Blancs avaient aboli l'esclavage en 1848, certes, mais ils étaient encore si nombreux à le pratiquer... Et voilà que l'un d'eux dérogeait ! Le jour où Brazza autorisa les anciens esclaves à partir seuls en forêt pour une cueillette en leur confiant des fusils pour se protéger, ce fut l'apothéose !... le soir venu, ils revinrent tous au campement, prouvant qu'ils n'étaient plus asservis.

En ce début d'année 1876, Pierre Savorgnan de Brazza venait d'écrire les premières lignes de sa légende, avant même d'avoir abordé des régions inexplorées. Le « Père des esclaves » était né. Il allait marcher en apôtre.

Cette année de gloire lui réservait aussi des épreuves. L'inaction lui pesait, l'attente l'agaçait. « Depuis le 12 janvier, écrivait-il en avril, je n'ai pas dormi une seule fois dans une case ; jamais je n'ai eu une table pour écrire. » A cet inconfort s'ajoutait le froid vif et le vent matinal dont il se préservait par « un feu qui vous brûle le visage, sans réchauffer le corps ». Comment vaincre l'inertie des Okandas ? Ils rechignaient à conduire l'expédition au-delà de Lopé, refusant de se priver des Blancs et de leurs marchandises, obtenues en échange des pains de manioc, des poulets et des cabris. Comment se faire admettre des Ossyebas ? Ils contrôlaient les territoires situés à l'est et au sud de Lopé où Brazza souhaitait s'aventurer. Si les Okandas étaient plutôt pacifiques, ils craignaient les Ossyebas, d'année en année plus entreprenants. Ils cherchaient à étendre leur territoire vers la côte en infligeant des défaites sanglantes aux tribus qui s'opposaient à eux.

Brazza échouait à imposer ses vues par la palabre, mais disposait heureusement d'autres atouts : des objets fascinants qu'il pouvait utiliser pour éveiller la curiosité. Il y avait d'abord cette carabine Winchester à répétition avec laquelle il pouvait faire des prodiges. Et puis ce sextant qu'il levait vers le ciel à des heures précises et régulières, sans doute pour implorer d'influents génies. Ses pratiques finirent par intriguer un chef ossyebas nommé Mamiaka. Il exprima le désir de voir ce grand féticheur blanc, aux pouvoirs étranges.

Brazza se précipita dans la forêt, devancé par sa réputation. Dans sa hâte, il n'avait pas songé à se faire escorter par un nombre conséquent de laptots. Les hommes qu'il découvrit en brousse le fascinèrent. Ils lui rappelaient les descriptions lues dans les livres de Livingstone. Dents limées en pointe, regards fulgurants, corps tatoués et barbes tressées passées à la poudre de bois rouge, colliers de coquillages, de dents de panthères et d'ossements humains. Spectacle magnifique et inquiétant. Brazza n'avait pas droit à l'erreur. Soit il savait convaincre, soit il y restait.

« Bien que les Ossyebas se tinssent à distance, écrivit-il, je fus bien reçu et, au bout de deux jours, la glace était rompue et nous étions devenus amis. Je pus leur montrer l'effet des fusées de Congrève, des armes à longue portée, des balles explosives et, chose qui les stupéfia le plus, la lumière du magnésium et les petits serpents dits « serpents pharaons » formés par l'inflammation d'un petit cône blanc comme le plâtre. »

Brazza usait des palabres, mais il ne répugnait pas non plus à jouer de la crédulité pour arriver à ses fins. Finalement, il réussit à convaincre Mamiaka de venir à Lopé, afin de démontrer aux Okandas qu'il avait de nouveaux appuis et qu'il pouvait se passer d'eux. Le machiavélisme faisait aussi partie de son arsenal. Mais si son influence sur ces peuples s'en trouvait grandie, il ne parvenait pas à obtenir d'eux ce qu'il souhaitait : disposer d'une armée de pagayeurs pour remonter l'Ogooué jusqu'à sa source et ouvrir la route transafricaine d'ouest en est.

Après des allées et venues, des incursions jusqu'aux chutes de Booué, à plus de cinquante kilomètres de Lopé, dans les villages des puissants chefs ossyebas Zabouré et Naaman, il décida de tenter le tout pour le tout. A son initiative fut réunie une grande palabre à laquelle participaient les chefs et leurs peuples. Brazza y parut, l'air grave. Dans sa main gauche, des présents. Dans sa main droite, une cartouche de Winchester.

— Le Blanc a deux mains, dit-il. L'une pleine de présents, l'autre portant la mort. Point de milieu. Nous allons remonter votre fleuve, soit en convoquant les habitants à des marchés avantageux, soit en balayant les rives avec le feu de nos armes intarissables. A vos chefs de choisir. Ils ne peuvent nier leur responsabilité. A eux de décider si notre passage doit être une fortune ou bien un fléau pour votre pays. Ou bien notre route sera jalonnée par des riches présents, ou bien l'Ogooué roulera des eaux toutes rougies du sang de vos frères. C'est de vos chefs que tout dépend. Ou la fortune ou la guerre.

Sur ces mots, sans attendre de réponse, il se retira dans un silence glacé. Preuve, s'il en était besoin, que la menace était aussi un argument qu'il savait manier. Avait-il bluffé ? Aurait-il mis cette menace à exécution ? Eut-il seulement le temps d'y songer ? « Le lendemain, écrivit-il, j'éprouve une des plus grandes joies de ma vie. Naaman est venu m'annoncer sa décision. Lui-même me présentera aux siens et se dira mon ami. » Il lui proposait de le conduire en pays adouma, jusqu'à la cataracte de Doumé, à plus de deux cents kilomètres de Lopé. La route était de nouveau ouverte.

Au début du mois de mai 1876, guidé par Zabouré, un des puissants chefs Ossyebas, et protégé par quatorze valeureux guerriers de la tribu, Brazza partait à pied cette fois, avec trois hommes d'escorte, dont deux Sénégalais, des interprètes et quelques porteurs. Ainsi protégé, laissant derrière lui ses lourds colis et ses compagnons — Noël Ballay se rétablissait au Gabon, Victor Hamon et Alfred Marche restaient à Lopé —, il dut certainement penser encore à Livingstone, inspectant seul les chutes du Zambèze, suivi de son escorte de redoutables Makololos.

La progression se révélait difficile à l'excès. La saison des pluies avait commencé. « Lorsque je perdais de vue l'homme qui marchait devant moi, écrivit Brazza, j'étais obligé de crier mon nom pour qu'on sache où me retrouver. » A chaque moment, ils devaient traverser des ruisseaux, monter et descendre des collines, de l'eau jusqu'aux genoux. Quand ils retrouvaient la terre « ferme », c'était pour avancer courbés ou bien à quatre pattes, en écartant avec les mains le réseau de lianes qui barrait la route. Ils en venaient à bénir le dôme formé par les feuillages des arbres géants qui empêchait le soleil de les atteindre. Souvent, ces mêmes arbres, abattus, leur servaient de route : « Je traversai le ruisselet Boall sur un de ces troncs long de cinquante-six pas et à une hauteur de six à huit mètres de l'eau. »

Il s'étonnait d'avancer dans cette forêt peuplée d'une foule d'animaux, sans en voir trace, sinon ces immenses toiles d'araignées sociales, véritables pièges aériens tissés entre deux arbres, parfois distants l'un de l'autre d'une dizaine de mètres. « Le seul signe de vie qui m'arrivait aux oreilles dans la forêt était le croassement lointain du touraco bruyant. » A la tombée de la nuit, le cri presque humain du daman, comme un appel à l'aide angoissant, déchirait les ténèbres.

En bon marin Brazza dormait dans un hamac suspendu entre deux arbres à un mètre ou deux du sol, la simple couverture dont il se couvrait lui servant de tente. Cela quand la tornade quotidienne ne l'avait pas trempé jusqu'aux os. Dans ce cas, impossible de dormir.

« Mouillé comme je l'étais, je ne me couchais pas, je m'asseyais devant le feu et passais la plus grande partie de la nuit à chanter tous les airs qui me venaient à l'esprit et qui me faisaient penser au pays lointain. » Pierre Savorgnan de Brazza entonnant la nuit en pleine jungle des airs d'Italie, quel spectacle !

Le 3 juin, il retrouvait enfin l'Ogooué, à quatre jours de marche de la cataracte de Doumé. Pour gagner le village de Zabouré, situé sur l'autre rive du fleuve, ils construisirent un radeau de troncs d'arbres rendus solidaires par des lianes. Brazza perdit dans la traversée ce qui lui restait de vivres d'Europe. Il passa huit jours dans ce village à attendre une pirogue qui ne venait pas, puis il reprit sa route, toujours escorté par Zabouré et ses guerriers. Mais le 13 juin, la fièvre le prit. On le ramena au village. Le lendemain, l'opportuniste docteur Lenz le rejoignait. Après deux années d'attente aux environs de Lopé, il avait profité de la brèche ouverte par Brazza pour reprendre son exploration.

Bien que concurrents acharnés, les deux hommes se tinrent compagnie durant quelques jours, espérant, toujours en vain, une pirogue promise par Djoumba, roi ossyebas.

Le 24 juin, Oskar Lenz repartait seul, Brazza lui emboîtait le pas le lendemain. Le 28, le docteur autrichien s'arrêtait quelques jours pour se reposer. Le 29, Brazza arrivait seul à Doumé, premier Européen à contempler ces chutes dont l'accès avait été jusqu'alors interdit. L'explorateur autrichien finit par les atteindre à son tour et poussa une reconnaissance sur le cours inconnu de l'Ogooué, jusqu'à la rivière Sébé. Le 2 juillet, épuisé, las de déployer tant d'efforts pour de si maigres récompenses, il tournait les talons et rentrait en son pays pour ne plus jamais remettre les pieds en Afrique.

Pendant ce temps, Brazza redescendait le fleuve sur quelques kilomètres pour obtenir enfin du roi Djoumba l'embarcation prévue. Il avait le sentiment d'être abandonné par sa bonne étoile. Les Ossyebas comme les Adoumas refusaient de le ramener chez les Okandas. Brazza s'impatientait. Il n'obtenait plus rien des chefs, on lui jouait des tours. Miné par les fièvres, il commençait à perdre son admirable sang-froid. Dans un village, il ordonna à ses Sénégalais de se saisir d'un chef qui s'était moqué de lui et de le fouetter. L'inquiétude le gagnait. Perdant de sa superbe et par là même de son prestige, il prêtait le flanc aux provocations du souverain des Osseyas, Djoumba, trop heureux de tenir la dragée haute au « grand féticheur blanc ».

— Prends garde, lui dit un jour son interprète, Djoumba t'a jeté un sort. C'est un grand sorcier.

— Balivernes ! répliqua Brazza.

Mais quelques jours plus tard, la fièvre le terrassait. « Comme pour donner raison à la sorcellerie, expliqua-t-il plus tard, le 12 juillet la fièvre me reprit avec violence, accompagnée de vomissements que je ne pouvais retenir. Je commençai alors à être faible, à ne pouvoir manger. Je ne pouvais plus supporter que de l'eau dans laquelle on avait fait bouillir de la canne à sucre. »

Les jours passaient. Brazza se traînait de village en village, de plus en plus faible, oppressé, agité, l'esprit confus. Le 17 août, à bout de force, il s'emparait d'une petite pirogue et l'arme au poing, il forçait les Ossyebas à descendre le fleuve. Lorsqu'ils passèrent près de leur village, les pagayeurs essayèrent d'accoster. Comme l'explorateur s'y opposait, ils firent tanguer l'embarcation comme pour la faire chavirer.

— Tire ! cria-t-il à son interprète.

D'une seule balle, Brazza tua leur chef, tandis que son compagnon abattait un simple esclave qui en d'autres occasions les avait aidés. Il ordonna alors aux Ossyebas de quitter la pirogue et poursuivit sa retraite avec deux

Gabonais. Descente aux enfers, il se voyait mourir.

Deux jours plus tard, Brazza tombait sur une caravane de vingt-deux pirogues okandas, chargées de provisions. Elle était conduite par Noël Ballay et Alfred Marche, venus à sa rencontre.

— J'ai dû tuer deux hommes, leur dit Brazza. Je n'ai pas pu faire autrement, ma vie était en jeu.

A bout de force, il ajouta en bredouillant :

— Je... Je suis gravement malade, n'est-ce pas ?

La forêt rend fou ceux qui la provoquent et Brazza avait failli perdre la tête. Les conséquences de ses actes auraient pu être dramatiques. Il n'était pas près d'oublier la leçon.

Ballay l'examina soigneusement et diagnostiqua une fatigue due à la malnutrition ainsi qu'une petite fluxion de poitrine. Rien qui put dissuader le chef de mission de poursuivre sa route. Ils remontèrent donc l'Ogooué jusqu'au village de M'Quémé, et s'arrêtèrent. La santé de Brazza s'était brusquement dégradée. C'était un squelette vivant que l'on traînait hors de la case : « Pendant dix jours, deux hommes venaient me sortir de mon lit de bambou, me tenant l'un par la tête, l'autre par les pieds, et me portaient ainsi à l'air et à l'ombre. » Tandis que le chef de mission tentait de reprendre des forces, Alfred Marche effectuait une reconnaissance au-delà de la cataracte de Doumé, explorant ainsi soixante-quinze kilomètres supplémentaires dans des régions inconnues.

A la fin du mois de septembre, les Okandas annoncèrent qu'ils regagnaient leur pays. Brazza et ses compagnons n'avaient plus la force d'affronter seuls une région aussi hostile. Epuisés, éprouvés, leurs corps criaient de faire une halte. Le 2 octobre, ils étaient de retour à Lopé, pour y passer l'hiver.

Ils ne purent, hélas, goûter un vrai repos, des difficultés de toutes sortes réclamant leurs interventions : mauvais approvisionnement, vols dans le campement, querelles avec les sorciers et féticheurs des villages... L'effet de surprise passé, le prestige de Brazza avait des failles.

Les médiocres résultats à long terme de ses actions émancipatrices le désolaient. « Mes expériences philanthropiques sur l'esclavage n'ont pas été heureuses, écrivit-il à son père. Je leur ai fait enlever l'espèce de carcan dans lequel ils étaient pris par les pieds, je leur ai donné la liberté... ils m'ont presque tous abandonné pour retourner chez ceux-là même qui, il y a quelques mois, les avaient vendus... Sur treize esclaves achetés par moi, trois ont été vendus par le père, trois par leur frère aîné, deux par leur frère cadet et un par son oncle. »

Ses échecs le blessaient, son légendaire humanisme en sortait froissé, l'amertume le gagnait. Parlant des Adoumas, il ajoutait avec colère : « Quel peuple est celui-ci ! C'est le plus mauvais de ceux que je connais... Il n'a pas la plus lointaine idée de quelque chose qui ressemble à un sentiment quelconque. La matière brute est tout pour ces gens. Ils manquent absolument de principe et de tradition quels qu'ils soient... Il n'existe parmi ces sauvages aucune espèce de poésie quelconque, même grossière. Quand ils vont en pirogue, ils chantent et battent la mesure pour arriver à plonger leurs rames correctement. Quand avec la voix ils s'accompagnent au son du tam-tam, leurs paroles n'ont aucun sens et ne signifient rien du tout. Ils sont lâches, pervers et intraitables. Voilà la perle précieuse que j'ai découverte en 1876 et que j'ai l'honneur de présenter au monde civilisé. »

Les mois passaient, les forces revenaient. En avril 1877, tout le personnel de l'expédition était de retour à Doumé pour reprendre l'exploration de l'Ogooué. Il fallait encore ruser. Les Adoumas ne souhaitaient pas les voir s'éloigner. A l'heure du départ, des caisses fermées, vides ou chargées d'objets sans valeur, furent empilées au centre du village. Ballay et Hamon chargèrent les vrais colis dans les pirogues et partirent. Brazza resta encore quelque temps pour rassurer davantage.

L'emplacement des chutes de Poubara, à six cents kilomètres de la côte en suivant le cours de l'Ogooué, avait été choisi pour établir le poste du quartier général. Ballay et Hamon y parvenaient en juillet. Brazza leur avait emboîté le pas avec ses laptots pour seule escorte, les Adoumas refusant de l'accompagner. L'entreprise était plus que périlleuse, car cette partie du cours de l'Ogooué est semée de rapides. Chapardage après chavirage, il perdit sa meilleure boussole, son chronomètre et son sextant. De petits revers de fortune en comparaison de l'épouvantable poisse qui collait à ses semelles : la variole.

On eût dit que la maladie le suivait. L'épidémie se répandait dans les villages dès qu'il les quittait. De là à penser qu'il l'apportait, il n'y avait qu'un pas. « Le chef blanc est mauvais, disait la rumeur. Il porte avec lui une caisse pleine de maladies. Lorsqu'il passe dans un village il ouvre la caisse, toutes les maladies sortent et ces maladies font mourir les hommes du village. » Une mauvaise presse pour le nouveau Pandore, qui aurait pu être fatale, si, à Poubara, le docteur Ballay n'avait pas fait des miracles pour sauver les villageois. Les récits de son dévouement couraient la forêt et restauraient la réputation des Blancs. Quand Brazza retrouva ses compagnons, ils étaient épuisés de s'être dépensés sans compter contre l'épidémie.

A l'endroit où ils avaient établi leur camp, le fleuve se divisait en deux branches : l'Ogooué (que les indigènes appelaient Rebagni) et la rivière Mpassa. Ici, les deux cours d'eau, interrompus par des chutes et des rapides rapprochés, avaient perdu de leur importance et ne pouvaient plus servir de voies de communication. On les franchissait à gué.

De l'emplacement choisi, situé sur une hauteur, Brazza disposait d'un point de vue panoramique sur toute la région. Au nord des chutes de Poubara et de la Mpassa s'étendait le territoire des Adoumas, à l'est commençait celui des Batékés. A l'ouest, les monts du Chaillu, dont le versant occidental porte les eaux à l'Atlantique. Le jour où il se livra à cette observation, Brazza dut se rendre à l'évidence.

— Je me suis trompé, avoua-t-il à ses compagnons. L'Ogooué n'a plus de secrets pour nous, mais il n'est pas le grand déversoir des pluies équatoriales, il ne mène pas aux grancs lacs de l'est de l'Afrique. Il est clair maintenant que son cours d'importance secondaire ne constitue pas une route directe pour le centre du continent africain.

Inquiet, Ballay demanda si la mission était achevée.

— L'Ogooué a trompé nos espérances, répondit Brazza. Mais notre tâche n'est pas terminée. Notre objectif est toujours de nous avancer vers l'Est et de tenter de soulever le voile sous lequel se cache l'immense contrée inconnue qui nous sépare des régions du Haut-Nil et du Tanganyika...

Comment expliquer qu'il n'ait pas été plus déçu par cet échec ? Car c'était un échec. Brazza n'était animé par aucune ambition personnelle, il se moquait qu'on puisse lui reprocher de s'être trompé. Il concevait sa vie comme l'outil d'une force supérieure : la France. Elle avait le droit de l'user jusqu'à la corde sur la meule de la conquête coloniale. Et si elle l'oubliait, il se promettait de le lui rappeler.

— Maintenant, reprit-il, il nous faut nous frayer une route par terre et transporter nos bagages à dos d'hommes.

— Mais comment se procurer des porteurs dans un pays où il n'y en a pas ?

— Il n'y a qu'une solution : acheter des esclaves.

— Avec le risque de les voir se sauver à la première occasion ?

— Avec tous les risques. Convenez que celui-ci n'est pas le plus effrayant.

Il y eut un long silence. Ses compagnons avaient-il le courage de poursuivre le voyage ? Etaient-ils assez fous pour le suivre ? Pour Hamon et Ballay, c'était oui, sans hésiter. Pour Alfred Marche, c'était non. Il en avait assez de la maladie et des marches épuisantes. Naturaliste de métier, il n'avait pas l'âme d'un conquérant. De plus, il n'était pas sensible au charisme de Brazza. Quand il rentra en France et qu'il fit le compte rendu de ses observations dans la revue d'Edouard Charton, *Le Tour du Monde*, il ne mentionna qu'une fois le nom du chef de la mission. A la lecture de ces pages, on a l'impression qu'il a tout fait tout seul !

Alfred Marche parti, il fallait encore convaincre les laptots et les interprètes gabonais. A l'idée de quitter l'abri tout relatif du fleuve, ils ne débordaient pas d'enthousiasme. Brazza écouta leurs doléances, expliqua ses motivations, argumenta et finit par emporter leur adhésion… Sur ces entrefaites, la saison des pluies commença, rendant théoriquement impossible toute expédition.

Durant un mois, Brazza supporta, en serrant les dents, les hurlements des tornades, le bruit de tonnerre des arbres géants s'abattant dans les marigots en crue. Un beau jour, n'en pouvant plus de cette inaction qui lui causait d'interminables insomnies, il décida de partir, malgré le vent, les orages, les marécages, les journées étouffantes, les petits matins glacés... et le sort qui leur jouait des tours. A Poubara, qui leur servait de quartier général, Hamon s'occupait de l'inventaire quand soudain il s'écria :

— Mon Dieu ! les chaussures... Elles sont toutes pourries !

On accourut, stupéfait. La caisse qui renfermait les souliers était en fer blanc soudé.

— On la prétendait parfaitement étanche, bougonna Brazza.

En dépit de cette soi-disant étanchéité, la caisse s'était remplie d'eau dès les premiers naufrages sur l'Ogooué.

Rien de ce qu'elle contenait ne fut récupérable. Quand ses compagnons qui avaient, comme Brazza, laissé sur la route les lambeaux de leurs vieilles chaussures, demandèrent à ce dernier combien de temps ils allaient marcher pieds nus, Brazza haussa les épaules et répondit avec une moue :

— Je ne sais pas... Des semaines, peut-être des mois.

Les conquérants aux pieds nus ! Cette image, frappant l'imagination, constitua le second volet de la légende de Pierre Savorgnan de Brazza.

A la fin du mois de mars 1878, l'expédition pénétrait dans le pays batéké. Le paysage avait changé. A la forêt primaire des gorilles, avait succédé la savane herbeuse des lions, entrecoupée de parcelles sablonneuses, désertiques. Elles étaient creusées par endroits de gorges profondes d'où émergeaient des roches granitiques. La marche s'en trouvait facilitée, malgré les pantalons en lambeaux qui laissaient les jambes exposées aux griffes des épineux. Les hommes n'avaient mis que vingt jours pour traverser ces montagnes qui s'étendent à l'est du bassin de l'Ogooué.

Les Batékés se montraient conciliants, rusés aussi, prompts à troquer leurs maigres vivres contre les richesses des Européens. Certains tentèrent bien de piller l'expédition, mais sans trop de conviction. L'attitude ferme, sans violence, des laptots les ramenait à la raison. Brazza avait aussi retrouvé son dynamisme et dans le même temps sa réputation de « féticheur » qui provoquait crainte et soumission.

Par petites étapes quotidiennes d'une dizaine de kilomètres, la troupe atteignit la rivière Alima, à environ deux cent cinquante kilomètres des chutes de Poubara. Brazza fut frappé par la limpidité de ses eaux, malgré la nature marécageuse de ses rives. On distinguait le fond à plus de six mètres. Où allait cette rivière qui coulait vers l'est et bifurquait soudain vers le sud après avoir absorbé les eaux de la Mpama ? La réponse leur fut apportée par un vieillard à longue barbe, pipe à la bouche, chef d'un village voisin. Il expliqua qu'à quelque distance de cette rivière coulait un fleuve considérable qui, du sud-sud-est, se dirigeait vers l'est-nord-est.

— De nombreuses pirogues y naviguent, ajouta le vieil homme. Les peuples des régions lointaines viennent chercher le manioc chez les riverains, apportant en échange du poisson fumé.

Il décrivit des espaces d'eau sans fin et Brazza pensa aussitôt à un grand lac intérieur, qui pouvait se situer au sud du Soudan. Le chef montrait un sel noir, semblable à celui rapporté par les explorateurs de l'Est africain, et qui renforçait Brazza dans son opinion... S'il avait pu imaginer qu'à moins de deux cents kilomètres coulait le fleuve Congo !

Fallait-il descendre l'Alima ? N'était-il pas temps de prendre le chemin du retour ? Une fois encore Brazza consulta ses compagnons. Leur fierté égalait celle de leur chef. Ils voulaient continuer, malgré les informations inquiétantes que leur fournissaient les Batékés. Le peuple apfourou contrôlait le cours de l'Alima, apportant manioc et ivoire qu'ils échangeaient contre des armes, de la poudre et des pagnes blancs. Puissants et belliqueux, les Apfourous faisaient plier sous leur joug les populations qu'ils rencontraient. Les Batékés auraient aimé que les Blancs les aident à infliger une défaite à leurs ennemis. Pour Brazza, il n'en était pas question. Il était décidé à gagner les bonnes grâces de ce peuple comme il avait acquis celles des Okandas, des Ossyebas et des Batékés.

La troupe embarqua donc sur des pirogues et commença la descente de l'Alima, scrutant les berges pour apercevoir quelque signe indiquant la présence d'habitations. Le premier campement rencontré était désert. Ses occupants l'avaient fui précipitamment. Brazza prit les vivres dont il avait besoin et paya grassement. Sa méthode porta ses fruits, car dans le second village, il put entrer en contact avec les Apfourous. Non seulement la palabre fut bonne, mais elle leur permit d'acquérir une huitième pirogue. Le lendemain, 2 juillet 1878, ils embarquaient, rassurés. Ils n'avaient oublié qu'un détail : si les Apfourous acceptaient leur présence sur « leur » rivière, ils refusaient en revanche qu'ils transportent des marchandises. Ce privilège leur était réservé.

Ils passèrent près d'un village sans provo-

quer de réaction, mais dès qu'ils en eurent dépassé les limites, des cris de guerre retentirent et plusieurs pirogues furent lancées à l'eau. Elles les suivaient, à bonne distance. Soudain, en aval, depuis les rives montèrent d'autres cris. Brazza et ses compagnons étaient tombés dans une embuscade. La retraite coupée, l'affrontement était inévitable. La qualité de leurs armes leur permit de s'en tirer sans dommages, mais tous les villages des rives de l'Alima s'apprêtaient à leur réserver le même accueil. Déjà les tribus les plus éloignées accouraient pour prendre part au massacre.

« Nous entendions nos ennemis chanter que nous étions de la viande pour leur festin de victoire, rapporta Brazza. Je jugeai prudent de prendre position sur la rive, où mes laptots se trouvaient plus libres de leurs mouvements que dans nos embarcations. »

A la nuit tombée, les Apfourous allumèrent des feux sur les berges. L'expédition accosta sur un banc de sable. On fit le compte des munitions... Certainement pas de quoi tenir un siège ! Encore moins de quoi forcer un passage sur tout le cours d'une rivière dont on ne savait rien ! Elle pouvait très bien aller mourir dans un marais où ils auraient été pris au piège. Pour l'heure, il fallait tenir et profiter du premier répit pour reprendre l'initiative.

L'attaque eut lieu au petit matin. Les Apfourous se lancèrent à l'assaut du campement, montés sur leurs pirogues. Cette fois encore, la précision des armes et la qualité des tireurs de l'expédition décidèrent de la victoire. Les agresseurs prirent la fuite. Cet épisode marqua profondément Brazza.

— Je me souviendrai toujours de cet homme qui était en tête de la pirogue, dit-il à ses amis.

Hamon, le quartier maître, hocha la tête et ajouta :

— Je ne l'oublierai pas non plus. Il dirigeait l'embarcation sur laquelle s'est concentré tout notre feu. Il n'a jamais cessé de se tenir debout.

— Il agitait son fétiche au-dessus de sa tête, reprit le chef de mission. Il semblait être préservé des balles qui pleuvaient autour de lui.

La retraite de leurs adversaires leur offrait le répit attendu. Rester sur place, c'était accepter un nouveau combat sur deux fronts. Vaincus sur l'eau, les Apfourous s'organisaient pour les prendre en tenaille en rassemblant des troupes sur la berge. Il ne restait plus qu'à fuir à travers les marécages (les « potos-potos »), jusqu'au pays des Batékés.

Tous les colis qui n'étaient pas indispensables furent jetés à l'eau, y compris certains instruments scientifiques. A la nuit tombée, le gros de l'expédition s'éclipsa, protégé par une arrière-garde abritée derrière des feux. Il ne leur fallut pas moins de trois heures, à la lueur de torches en bambou, pour se tirer, marchant pieds nus, de ce bourbier large de cinq cents mètres. Au petit jour, ils avaient atteint les premières collines. Le soir, ils étaient hors de portée des Apfourous.

Les Batékés les accueillirent en héros. N'avaient-ils pas tenu en échec les féroces Apfourous ! Hélas, la famine faisait rage et Brazza dut rationner ses compagnons. Pour nombre d'entre eux, c'était trop de privations, trop d'efforts. Depuis près de trois ans qu'ils arpentaient la forêt équatoriale rien ne leur avait été épargné. Ils avaient droit au repos. Brazza le savait, mais il ne se résignait pas à l'abandon. La saison sèche devait encore durer un mois, il voulait en profiter.

Le 19 juillet 1878, l'expédition se sépara. Ballay et Hamon emmenèrent avec eux les plus éprouvés, tandis que leur chef tentait un dernier raid avec six rescapés et dix porteurs.

Cette reconnaissance fut peut-être le moment le plus exaltant de la mission de l'Ogooué. Malgré la fatigue, les fièvres, les difficultés du terrain, Brazza avança en toute liberté, dégagé des contraintes d'une grosse expédition. En guenilles, pieds nus, allant jusqu'à l'extrême limite de ses forces. Cap à l'est, puis au nord pour éviter des tribus belliqueuses, une nuit ou deux dans un village, départ au petit matin... L'épreuve, mais aussi le bonheur.

Il arriva ainsi à moins de soixante kilomètres de la ligne équatoriale et découvrit une rivière qui lui fit douter de ses précédentes certitudes.

Ce cours d'eau s'appelait Lebaï-Okoua, ce qui signifiait en langage indigène « rivière du sel ». Le précieux produit était obtenu après évaporation de l'eau des petits ruisseaux qui descendaient des collines. Dans ce cas, l'Alima ne menait peut-être pas nécessairement à quelque grand lac du Soudan. « Le problème de l'hydrographie africaine me semblait de plus en plus obscur », écrivit Brazza. Il ne lui manquait qu'une donnée pour le résoudre. Ce n'était pas lui qui l'apporterait.

D'ailleurs, son raid s'achevait. Ses jambes n'étaient plus que des plaies ; porteurs et laptots se traînaient plus qu'ils ne marchaient. En outre, l'oiseau de la saison des pluies venait de chanter. Bientôt cette région allait se transformer en un vaste bourbier. Les tornades quotidiennes balaieraient la forêt. L'inondation risquait de leur couper la retraite.

Le 11 août, Brazza faisait demi-tour et

reprenait le chemin de l'Ogooué. Au confluent de la Mpassa, près des chutes de Poubara, il retrouvait Hamon et Ballay. Alors commençait la descente de l'Ogooué, accélérée par les rapides qui les avaient tant ralentis auparavant : plus de six cent cinquante kilomètres pour atteindre l'océan. Un seul incident : la pirogue de Ballay heurtée par un hippopotame qui la fit chavirer.

A Lopé, ils trouvèrent les caisses d'instruments scientifiques envoyées par la Société de géographie, acheminées un peu tard. Et, plus étrange, des colis d'un même type adressés par Léopold II, roi des Belges, en qualité de président de l'Association internationale africaine. Pourquoi le souverain s'intéressait-il brusquement à la mission de l'Ogooué ?

Pour l'heure, Brazza ne se préoccupait que du sort des esclaves libérés. Ceux qui acceptaient de le suivre au Gabon étaient certains de conserver leur intégrité dans la « Libre-ville », mais les autres allaient retomber sous la coupe des négriers. « J'ai déploré de ne pouvoir les arracher à leur misère, expliqua Brazza. Mais en présence de ces mœurs sauvages et de l'obstination résignée des pauvres gens qui en sont victimes, j'ai dû reconnaître mon impuissance. Il faudra bien des interventions généreuses pour triompher des préjugés barbares qui sont encore plus profondément enracinés chez les esclaves que chez leurs trafiquants eux-mêmes. »

La fin du voyage fut attristée par un drame : le décès d'un des interprète, Denis, un fidèle entre les fidèles. Mort de fatigue.

A Libreville, on remit à Brazza le volumineux courrier qui lui avait été adressé au cours de la dernière année, ainsi que des comptes rendus des dernières explorations africaines. Parmi elles se trouvait le récit du périple de Stanley « à travers le continent mystérieux ».

Dès qu'il fut sur le bateau qui le ramenait vers la France, Brazza se plongea dans cette lecture avec fièvre. Quand il l'eut achevée, le mystère de l'hydrographie du centre de l'Afrique était levé. Cette révélation attisait en lui un nouveau feu. Grâce à cette connaissance et à ses propres découvertes, la France pouvait prendre la première place dans cette partie du monde !

Qu'avait donc fait Stanley de si considérable pour que Brazza conçoive ce projet ? Il venait tout simplement de traverser l'Afrique d'ouest en est... en descendant le fleuve Congo de sa source à l'océan Atlantique !

3.

Pendant ce temps, Stanley dynamite les montagnes...

John Rowlands dit Henry Morton Stanley, reporter américain du *New York Herald*, s'était rendu célèbre en retrouvant Livingstone, sur les bords du lac Tanganyika, le 18 octobre 1871. Trois ans plus tard, Livingstone décédé, Stanley, d'origine anglaise, se proposait de reprendre le flambeau : le fleuve Loualaba, auquel Livingstone avait consacré ses dernières années, se déversait-il dans le Nil ou traversait-il l'Afrique avant de se jeter dans l'Atlantique en prenant le nom de Congo ?

« Il est certain, écrivit Stanley, que si je résouds l'un des problèmes que des voyageurs comme le Dr Livingstone, les capitaines Burton, Speke et Grant et Sir Samuel Baker n'ont pu démêler, les gens seront bien forcés de croire que j'ai bien retrouvé Livingstone. »

Stanley avait un compte à régler avec les sceptiques qui s'étaient permis de douter de sa réussite, et une revanche à prendre sur la vie. Enfance malheureuse, jeunesse difficile, il n'avait pas été épargné et ne s'embarrassait pas de principes aristocratiques. La fin justifiait les moyens. Pas de considérations humanistes, pas de lubies émancipatrices, mais des hommes, des fusils, des bateaux et de l'argent. Beaucoup, beaucoup d'argent.

Le 11 novembre 1874, il quittait le Zanzibar, avec trois Européens, encadrant trois cent cinquante-six Zanzibarites, armés jusqu'aux dents. Finances illimitées. Cette fois encore, le *New York Herald* payait, ainsi qu'un journal anglais, le *Daily Telegraph.* Durant trois années, on resta sans nouvelles de Stanley.

En mars 1875, il se rendit au lac Victoria et l'explora de fond en comble, se liant à Mtésa, roi de l'Ouganda, puis à un autre condottiere de la brousse, Mirambo, grand trafiquant d'esclaves. Il gagna ensuite le lac Tanganyika, achevant son exploration en 1876 et confirmant les découvertes hydrographiques de l'explorateur anglais Cameron.

Suivant le cours de la rivière Loukouga, il s'enfonça dans la forêt Mamiéma et atteignit le Loualaba. A Niangoué, il acheta les services du redoutable chef de la colonie arabe Mouana-

Mamba, surnommé Tippo-Tib, à cause de ses tics. Avec lui, il livra de sanglants combats aux « anthropophages », puis Tippo-Tib l'abandonna. Stanley poursuivit sa conquête par le fer et le feu : trente-deux batailles livrées, rochers détruits à la dynamite, pirogues et canots à vapeur traînés par-dessus les montagnes. Les trois Européens qui l'accompagnaient y laissèrent leur vie, ainsi que deux cent quarante et un Zanzibarites...

Le 9 août 1877, il parvint à Boma, à l'embouchure du Congo, après avoir franchi, tant par voie de terre que par eau, onze mille six cent soixante-trois kilomètres. Le mystère du déversoir des pluies équatoriales n'existait plus. John Rowlands avait pris sa revanche sur la vie et gravé à jamais le nom de Stanley sur les tablettes de l'Histoire.

« Nous n'avions pas encore mis le pied sur le sol de la patrie, expliqua Brazza, lors d'une conférence, que nous apprenions la magnifique reconnaissance du Congo par Stanley. Alors, voyant sur la carte le tracé des fleuves, tous nos doutes s'évanouirent. La position de l'Alima, les dispositions des riverains qui ne connaissaient les Blancs que par les nombreux combats livrés à leurs frères établis dans l'Est, tout indiquait que l'Alima était un affluent du grand fleuve. Tandis que la vallée de l'Ogooué donne un accès relativement facile jusqu'à la rivière navigable, l'Alima, trente-deux cataractes interrompent la navigation du Congo entre Stanley-Pool et Vivi, sur une longueur de deux cent vingt kilomètres. » Autrement dit, Stanley avait peut-être fait progresser la géographie, mais lui, Brazza, avait reconnu la seule voie naturelle de pénétration en Afrique centrale. Et cette voie-là, elle devait être française. Il suffisait qu'on le renvoie très vite sur place pour planter le drapeau tricolore sur les positions décisives.

Cette conviction, Brazza l'exprima dès le 6 janvier 1879, en posant le pied sur le sol national. L'accueil fut chaleureux. A vingt-sept ans, le bel aristocrate italien fasciné par la marine et la France avait considérablement dépéri. Mais le regard était resté le même, noir, brûlant. Les gestes avaient conservé leur grâce, l'attitude était plus volontaire que jamais. Promu enseigne de vaisseau, paré de la Légion d'honneur et des palmes académiques (ainsi que Noël Ballay), Pierre Savorgnan de Brazza oublia sa fatigue pour donner conférence sur conférence, visiter les ministères, appâter les négociants, flatter les militaires. Il voulait retourner en Afrique et ne négligeait rien.

Comme il l'avait supposé en découvrant deux stations hospitalières sur l'Ogooué, ainsi que les caisses de matériel du souverain belge, des événements survenus en Europe modifiaient les données de l'expansion coloniale. D'abord, Montaignac n'était plus ministre de la Marine, ce qui ne simplifiait pas les démarches de Brazza. Et puis, surtout, à l'été 1876, à Bruxelles, une conférence s'était tenue à l'initiative du roi Léopold II, pour répondre à l'intérêt croissant que suscitait l'Afrique. Le but de la réunion : fonder l'Association internationale africaine (A.I.A.), à destination philanthropique, composée de comités nationaux. Souci honorable, en apparence. L'objectif du roi de Belgique était quelque peu différent. L'œuvre humanitaire camouflait une ambition personnelle : il voulait doter son pays de colonies. D'ailleurs, personne n'était dupe. Il suffisait de lire l'acte final de la conférence convoquée pour abattre l'esclavage : « Quoique la suppression de la traite des nègres soit un des buts de l'Association internationale... on ne peut la demander qu'à la patience, à la persévérance, au temps et à la persuasion. » Du vent.

Aucun État n'entendait puiser dans les fonds publics pour alimenter la trésorerie obscure d'un organisme multinational. Dès novembre 1879, les comités nationaux n'avaient plus de vie réelle et Léopold II pouvait rassembler tous les pouvoirs entre ses mains. Cinq ans plus tard, en se proclamant souverain de l'État indépendant du Congo, il officialisait un état de fait : ce qui s'accomplissait en Afrique équatoriale, sous la bannière bleue à l'étoile d'or de l'Association internationale africaine, se faisait en vérité au bénéfice du roi des Belges.

Brazza en eut l'intuition lorsqu'il se rendit au palais de Laeken, invité par le souverain. Il croyait à une visite de courtoisie. Léopold l'accueillit d'ailleurs très chaleureusement... avant de lui proposer de travailler pour lui ! Interloqué, Brazza répliqua :

— Sire, Votre Majesté oublie que je suis officier français. Si Elle désire quelque chose de moi, c'est au seul gouvernement de mon pays qu'il faut qu'elle s'adresse.

Léopold balaya l'objection d'un revers de main.

— Que de belles choses nous pourrions faire ensemble ! C'est le pactole que je vais faire couler au Congo.

Brazza, ayant répondu à nouveau, qu'il était officier français, Leopold comprit alors qu'il ne tirerait rien de lui. Vexé, il toisa l'enseigne de vaisseau et désigna les filets d'or de sa vareuse.

— Est-ce possible que ces minces galons soient un obstacle à la magnifique carrière que je vous ouvre ?

Par respect, Brazza resta muet. Il venait de

se faire un ennemi irréductible, d'autant plus dangereux qu'il était riche et puissant. Il venait aussi de laisser échapper sa seule chance de faire fortune. Mais qui parlait d'argent ?

Les révélations que lui fit un diplomate étranger lui ouvrirent les yeux. Dans le secret venait de se constituer un organisme financier belge, le Comité d'étude du haut Congo. Cette fois, il s'agissait d'un pacte scellé entre les banquiers et Léopold II pour s'approprier la région, toute la région, rive droite et gauche du fleuve. Un homme devait être le bras armé de cette entreprise, et pas n'importe lequel : Henry Morton Stanley.

A la fin de l'année 1877, le découvreur du Congo avait à peine posé le pied à Marseille que les émissaires du roi des Belges le démarchaient. Stanley avait hésité à se mettre sous la coupe de Léopold II. Il était allé proposer ses services à l'Angleterre. Là-bas, sa réputation de flibustier lui collait à la peau. On l'avait éconduit. Vexé, il était retourné en Belgique fouler le tapis rouge déroulé sous ses pas.

Le 25 novembre 1878, Stanley était invité d'honneur au palais de Laeken. Autour du roi, banquiers et commerçants internationaux se préparaient au partage de l'Afrique équatoriale. Un capital d'un million de francs constitué pour la conquête du Congo valait bien une fête.

Stanley avait carte blanche, à une seule condition : garder le secret. Il accepta.

Face à un autre concurrent, Brazza n'aurait pas été aussi pressé d'obtenir gain de cause. S'il n'éprouvait aucune tendresse pour l'Anglais aux méthodes brutales, il ne sous-estimait pas ses talents d'organisateur et de défricheur. Chaque jour comptait... Le 31 août 1879, Stanley débarquait à Banane, dans l'estuaire du Congo, avec hommes et matériels, dont cinq bateaux à vapeur démontables. Il comptait sur eux pour contrôler le grand lac navigable qu'il avait découvert deux ans auparavant et qui portait son nom. Il s'apprêtait aussi à percer, à travers la forêt, une route longeant le fleuve dans sa partie où les rapides interdisent la navigation.

Brazza reprit avec plus de vigueur sa tournée des ministères. A Paris, en 1879, au lendemain des élections, les républicains triomphaient. Gambetta, président de la Chambre des députés et Jules Ferry, ministre de l'Instruction publique, l'écoutèrent avec attention. Le second surtout aimait à passer des heures avec lui, devant des cartes dépliées, à imaginer d'extraordinaires possessions françaises, bordées ici par un fleuve, là par une montagne. Brazza offrait une parade aux initiatives de Léopold II : aller planter le drapeau français sur le Congo, en amont des rapides, avant que l'expédition belge n'ait pu le faire. Bien sûr, cette mission devait rester secrète et n'être mise à exécution que s'il arrivait avant Stanley. Dans le cas contraire, il prétendrait effectuer une simple exploration géographique.

Après maintes tergiversations, et parce que les crédits qu'il demandait étaient insignifiants, il obtint sa seconde mission. Léopold II lui donna cinquante mille francs, puisque, officiellement, Brazza était chargé de choisir les emplacements de deux stations hospitalières (et non de les fonder), l'une sur l'Ogooué, l'autre sur le Congo. Brazza se déplaçait dans les marais de la politique et dans ceux d'Afrique avec la même agilité. On lui offrait une « promesse » de financement, il s'en contentait. S'il avait exigé de gros moyens, sans doute ne serait-il jamais reparti. Ni lui ni personne. C'en était fait de la présence française au Congo.

En jouant ce double jeu, il ne se lançait pourtant pas en aveugle dans une aventure perdue d'avance. La promesse de cent mille francs qu'il emportait ne pesait pas lourd face aux millions « réels » dont disposait son adversaire. Sans ambition personnelle, il lui importait peu de gagner ou de perdre contre Stanley. Il pensait que la France possédait, à travers lui, une chance véritable de s'imposer, et peut-être de devenir hégémonique. Il s'en expliqua, avec beaucoup de finesse, lors d'une de ses nombreuses conférences : « En certains pays, on ne se serait pas contenté de la réputation de richesse de l'Afrique équatoriale. On aurait voulu des chiffres, des devis de tout genre, on se serait inquiété de la diminution des bénéfices causée par la concurrence prochaine et certaine d'autres voies de communication. Et on aurait eu tort. Ce qu'on aurait eu raison de penser, c'est que la voie accidentée du Congo entre Stanley-Pool et son embouchure ne répondait pas à l'importance du trafic africain. Et qu'en tout cas des relations commerciales par une route plus avantageuse ne pouvaient s'établir avec fruit au milieu de populations considérables mal disposées et frémissantes encore au souvenir des Blancs dont le passage avait été aussi rapide que celui d'un ouragan. »

La lutte n'allait pas être si inégale qu'on le pensait. La force et l'argent étaient des armes considérables, mais la connaissance du pays et des peuples constituait un argument au moins aussi décisif. La course entre deux hommes, deux nations, deux conceptions de la conquête coloniale, était ouverte pour la possession des territoires équatoriaux.

Le 27 décembre 1879, avec quatre mois de retard sur Stanley, Pierre Savorgnan de Brazza embarqua à Liverpool pour le Gabon. Il profita de son passage à Dakar pour engager de nouveaux laptots, placés cette fois sous le commandement d'un personnage d'exception, mélange de Maure et de Berbère, habile à manier les armes et à motiver les hommes, totalement dévoué à la France et à Brazza : le sergent Malamine Kemara. Avec Noguez et le mécanicien Michaud, nouveaux venus, Brazza disposait de recrues de choix. Noël Ballay devait les rejoindre plus tard, avec des bateaux à vapeur.

Cette fois, il n'était plus question de « musarder », il fallait aller droit au but, c'est-à-dire au Congo, en fondant des postes aux points stratégiques et en signant le plus grand nombre de traités possibles avec les chefs représentatifs des tribus. La montée du « grand escalier » de l'Ogooué jusqu'au territoire contrôlé par les Apfourous devait s'effectuer rapidement, car, plus au sud, le long du Congo, Stanley ne perdait pas de temps.

Ce dernier n'ignorait rien des intentions de Brazza, il en avait été informé le 13 janvier 1880, par le colonel Strauch, sur ordre du roi Léopold. « Nous vous engageons à faire tous vos efforts pour ne pas vous laisser devancer par lui, disait la lettre qu'il lui adressait. Nous espérons que, s'il parvient à descendre l'Alima, il vous trouvera déjà installé au confluent de cette rivière et du Congo. » Stanley se hâtait. A sa

1
2
3
4
5
6
7
8
9
10
11
12
13
14
15
16
17
18
19
20
I
VII
VIII

VI
IV
III
V
X
IV
24
25
26
27
28
29
30
31
32
33
34
35
36
38
39
40
41
42
43
44
45
46
47
48
49
50
51
52
53
54
55
56
57
58

façon, avec soixante-huit Zanzibarites, deux cents Noirs et quatorze Européens sous ses ordres. Il s'ingéniait à plier la nature à ses volontés. Courir pieds nus dans la boue comme Brazza, ce n'était pas le genre de « Boula Matari » (surnom donné à Stanley par les populations riveraines et qui signifie « briseurs de rochers »). Lui, il marchait à la dynamite et au marteau-pilon. Il avait fondé le poste d'Issanguila et creusé quatre-vingt-trois kilomètres de route depuis Vivi, à cent cinquante kilomètres de la côte. Une performance, au cours de laquelle six Européens avaient trouvé la mort, ainsi que vingt-deux Noirs. Avant de parvenir sur le Pool, là où le Congo forme un lac et redevient navigable, il ne restait que deux cents kilomètres de forêt à défricher... et cinq cents jusqu'à l'Alima !

Pendant ce temps, Brazza fonçait sur l'Ogooué. La confiance que lui témoignaient à présent Inengas, Okandas et Adoumas constituait son meilleur capital, car il n'était plus contraint de changer sans cesse de pagayeurs, principal inconvénient de sa précédente expédition. Il lui avait fallu alors plus de deux ans pour atteindre le haut Ogooué. Lancées le 8 mars 1880, ses pirogues franchirent la même distance en trois mois. Ici se trouvait l'emplacement idéal de la première station : au confluent du fleuve et de la rivière Mpassa. Au diable les subtilités de la politique ! Le 13 juin 1881, il décidait de fonder la station.

« Monsieur le Secrétaire général, écrivit-il à Fontane qui exerçait cette fonction au sein du comité français de l'A.I.A. J'ai l'honneur de vous informer qu'aujourd'hui, à environ une heure de l'après-midi, j'ai, au nom de la France, planté ici le pavillon de la première station que j'aie fondée dans l'Ouest africain. »

Tous les chefs des environs étaient réunis et la montée du drapeau fut saluée par dix décharges de mousqueterie. Au garde-à-vous, Brazza dit :

— Au nom de la France, je plante ici le pavillon. Vive la France, vive la République !

Puis il fit mettre un genou à terre à tous les hommes présents et ajouta :

— Que Dieu protège la première station française fondée dans l'Ouest africain.

Restait à donner un nom à sa création, placée sous la protection de Dieu et de la République laïque. Dans l'esprit du « père des esclaves » il n'y avait pas de doute. Il concevait sa station comme un refuge pour tous les fugitifs. Elle devait s'appeler « Francheville », en référence aux cités émancipatrices de Freetown et de Libreville. Pourtant, dans un rapport à l'A.I.A., daté d'avril 1881, Brazza écrivait :

« Je suis arrivé à Franceville... » Un lapsus, peut-être. Les mots « France » et « liberté » se confondaient dans son esprit depuis toujours. Il fallait y voir aussi une pointe de nationalisme. Il était là pour battre la Belgique à la course.

Finalement, ce fut Franceville qui s'imposa.

Brazza était fier et heureux. Pour la première fois, il se permettait une pointe d'humour :« Je ne voudrais décourager personne, cependant je dois reconnaître que la tribu chez laquelle nous étions installés était réputée pour la vertu — relative — de ses femmes. Le contraste avec les tribus voisines était même assez marqué. » Et de se lancer dans une évaluation de la moralité inversement proportionnelle à la dimension du pagne, souvent « réduit à un morceau grand comme la main », et d'expliquer qu'en sa qualité de grand chef blanc, il n'avait « jamais manqué de cuisinières de tout âge et de tout pagne ». Il ne fit plus jamais allusion à sa vie intime. Aucun de ses compagnons n'a livré de témoignage sur le sujet.

Il n'avait pas le temps de s'attarder. Laissant Franceville à Noguez, il envoya Michaud à Lambaréné, seconder Noël Ballay, qui devait approcher avec matériels et personnels. En fait, Ballay ne serait pas au rendez-vous, il attendait encore les embarcations à vapeur. Le 22 juin, Brazza quitta ces « naïves et bonnes populations » pour exécuter la deuxième partie de sa mission. Cinq hommes seulement, commandés par le sergent sénégalais Malamine, et une douzaine de porteurs l'accompagnaient. Son chargement restait encombrant, car il emportait de quoi faire de « somptueux » cadeaux aux plus puissants chefs de tribus qui accepteraient le protectorat français. Brazza avait calculé un cap sud-est, pour éviter le territoire des Apfourous. Certes, il savait que l'attitude de Stanley, adepte de l'affrontement, était responsable de leur hostilité, mais ce n'était pas le moment de tenter le diable.

A trois journées de marche de Franceville, le paysage changea. Au sol argileux de l'Ogooué, à ses vallées humides, camouflées par d'épaisses forêts, à ses collines couvertes de hautes herbes, succédait un terrain accidenté, sablonneux et déboisé. Quelques rares palmiers trahissaient la présence des villages des tribus batékés. « On leur a fait une réputation exagérée de cannibalisme, expliquait Brazza. Elles se montrent pacifiques quand on n'attaque pas leur monopole. » Elles pratiquaient néanmoins la traite à grande échelle, et les porteurs gabonais de la mission, autrefois asservis, s'offrirent à plusieurs reprises le plaisir d'un feu de joie avec les jougs ôtés des épaules des esclaves.

Brazza se préoccupa alors de trouver l'itinéraire le plus rapide entre l'Ogooué et le Congo, où il devait fonder la seconde station. Il cherchait l'Alima et trouva la Lékéti. Montant à huit cents mètres d'altitude, sur le plateau des Achikouyas, il entra dans le camp du chef Ngango, qui lui réserva un bon accueil. Revenant sur ses pas, il franchit la rivière Mpama et traversa le territoire des Abomas. A l'autre extrémité du plateau, il descendit au fond d'une vallée et découvrit la rivière Léfini, à plus de deux cents kilomètres de Franceville. Parfaitement navigable, elle coulait en direction du sud-est et devait se jeter dans le Congo. Brazza décida de l'explorer en radeau. Ce fut sur ce cours d'eau que le destin vint récompenser ses efforts et son « style », en la personne du représentant d'un monarque légendaire : le Makoko.

Lorsque l'émissaire, venu à sa rencontre en pirogue, se présenta à lui, il portait le collier distinctif des vassaux du roi et s'exprimait en son nom.

— Makoko connaît depuis longtemps le grand chef blanc de l'Ogooué. Il sait que ses terribles fusils n'ont jamais servi à l'attaque et que la paix et l'abondance accompagnent ses pas. Il me charge de te porter la parole de paix et de guider son ami.

« Rarement j'éprouvai une joie plus vive », dit Brazza. Ses lectures lui avaient appris que déjà au XVe siècle les Portugais avaient entendu parler du Makoko. Il n'existait pas de chef plus puissant sur la rive droite du Congo. Un traité signé de sa main, c'était la victoire assurée sur Stanley et Léopold II. Quand il demanda à l'émissaire où se trouvait la résidence du roi, la réponse fut si peu précise que Brazza conçut quelques craintes. Elle s'appelait M'Bé et se situait quelque part, non loin du Congo, en amont du lac intérieur. A l'en croire, il aurait fallu bifurquer vers le sud.

— C'est d'accord, répondit Brazza, mais montre-moi d'abord la grande rivière.

Le messager accepta et la descente de la Léfini continua, lente, exténuante, bien que l'on pressât les pagayeurs, que l'on réduisît les pauses et rétrécît les nuits. Pour tromper l'ennui et se préparer à l'entrevue, Brazza ne cessait de poser au vassal des questions sur son maître. Le Makoko jouissait d'un grand prestige et exerçait une autorité morale déterminante sur tous les Tékés. Parmi ses vassaux s'affirmaient des chefs puissants mais qui ne remettaient jamais en question la suprématie du Makoko. On redoutait son fétiche, autant que ses déplacements, puisque la coutume disait que la terre devenait stérile là où il avait posé le pied.

S'il n'avait jamais vu d'homme blanc, le Makoko était au courant de leurs incursions sur ses terres. Il faisait très bien la différence entre les missionnaires, les explorateurs et les marchands. Il n'ignorait rien de la violence avec laquelle Stanley s'était frayé un chemin à travers l'Afrique et de celle qu'il continuait d'exercer pour établir ses postes le long du fleuve. Le Makoko avait aussi écouté les récits concernant la première expédition de Brazza, son retour sur l'Ogooué. Et puisqu'il devait y avoir rencontre, c'était avec ce dernier qu'il avait décidé de pactiser, car il était pacifique, ascétique et doux. Bien sûr, il était moins riche, mais son allure était celle d'un vrai seigneur, malgré ses guenilles.

Le Makoko avait aussi donné des ordres afin de faciliter le voyage de Brazza. Partout l'accueil fut cordial et respectueux, les vivres ne manquèrent jamais.

Arrivée à une journée de l'embouchure de la Léfini, la troupe se scinda en deux. Un groupe resta sur place, l'autre conduit par Brazza et guidé par l'émissaire s'en alla à marche forcée à travers un plateau inhabité. Brûlé par le soleil, plusieurs fois égaré et se croyant perdu, Brazza perdait patience.

« Je commençais à menacer mon guide lorsque à onze heures du soir, après une dernière marche forcée notre vue s'étendit tout à coup sur une immense nappe d'eau dont l'éclat argenté allait se fondre dans l'ombre des plus hautes montagnes. Le mystérieux fleuve, venant du nord-est où il apparaissait comme l'horizon d'une mer et coulait majestueusement à nos pieds ses flots argentés sans que le sommeil de la nature soit troublé par le bruit de son tranquille courant. C'était là un des spectacles qui imposent au voyageur un religieux silence. Dans ce silence, un cœur de Français battait plus fort en songeant qu'ici allait se décider le sort de sa mission. »

Le fleuve Congo ! Si large, qu'à la lueur de la lune, on ne percevait pas l'autre rive. Eaux brunâtres et boueuses, charriant des plaques de terres herbeuses. C'était le sang de l'Afrique que Brazza contemplait... Et il avait réussi à devancer Stanley ! Ici, chez les Oubandjis (c'était le nom que prenaient dans ces parages les Apfourous), face au village de Bolobo, il était le premier. Il ne dépendait plus que du Makoko qu'il fût le seul.

Après avoir calculé la position exacte de ce lieu historique pour la fixer sur la carte, Brazza se hâta de retrouver le groupe resté au bord de la Léfini et de filer chez le Makoko. Auparavant, il s'adressa au chef N'Gampei, venu l'accueillir, dans le but de régler le contentieux avec les Apfourous-Oubandjis. Comme le temps manquait, sa proposition fut sans détour :

« Choisissez entre la cartouche et le pavillon que je vous envoie. L'une sera le signe d'une guerre sans merci, l'autre le symbole d'une paix aussi profitable à vos intérêts qu'aux nôtres. »

En deux jours, la troupe traversa le plateau qui séparait la Léfini de M'Bé. Le 28 août 1880, deux mois après avoir quitté Franceville, distante de trois cent cinquante kilomètres environ, ils étaient chez le Makoko. Brazza en garda un souvenir précis.

« En arrivant au " Palais des Tuileries " de Makoko, composé d'un certain nombre de grandes cases qu'une palissade défend contre la curiosité du public, nous fûmes prévenus que le roi désirait nous voir immédiatement.

« Nous procédâmes à un astiquage général et revêtîmes nos meilleurs effets ; nous ne faisions, ma foi, pas trop mauvaise figure.

« En ce qui me concerne, j'avais tiré de sa caisse ma grande tenue d'enseigne de vaisseau, un peu fripée, mais dont les dorures faisaient pourtant assez bon effet. Tandis qu'Ossiah (son interprète) allait frapper sur les doubles cloches du palais pour prévenir la cour de l'achèvement de nos préparatifs, je fis faire la haie à mes hommes qui, suivant l'usage du pays, por-

USHUAIA

Sur les traces de Pierre Savorgnan de Brazza

taient les armes, le canon incliné vers la terre.

« Aussitôt la porte s'ouvrit. De nombreux serviteurs étendirent devant mes ballots de riches tapis et la peau de lion, attribut de la royauté. On apporta aussi un beau plat en cuivre de fabrication portugaise et datant de deux ou trois siècles, sur lequel Makoko devait poser les pieds. Un grand dais de couleur rouge ayant été disposé autour de ce trône, le roi s'avança précédé de son grand féticheur, entouré de ses femmes et de ses principaux officiers.

« Makoko s'étendit sur la peau de lion, accoudé sur des coussins ; ses femmes et ses enfants s'accroupirent à ses côtés. Alors, le grand féticheur s'avança gravement vers le roi et se précipita à ses genoux en plaçant ses mains dans les siennes. Puis se relevant, il en fit autant avec moi, assis sur mes ballots en face de Makoko. Le mouvement de génuflexion ayant été imité successivement par les assistants, les présentations étaient accomplies. Elles furent suivies d'un court entretien dont voici à peu près le résumé :

« — Makoko est heureux de recevoir le fils du grand chef blanc de l'Occident, dont les actes sont ceux d'un homme sage. Il le reçoit en conséquence et il veut que, lorsqu'il quittera ses Etats, il puisse dire à ceux qui l'ont envoyé que Makoko sait bien recevoir les Blancs qui vien-

nent chez lui, non en guerriers mais en hommes de paix. »

Ce n'était pas une simple formule, Brazza allait le vérifier. Si le pouvoir du Makoko avait diminué au fil des siècles, son influence religieuse et morale s'étendait sur tout le pays batéké et au-delà, jusqu'à l'embouchure de l'Alima. Ce fut à son intervention que l'officier français dut la signature d'accords de paix avec les chefs des plus belliqueuses tribus riveraines du Congo et de ses affluents. Mais pour l'heure, c'était le pacte avec le Makoko qu'il fallait conclure... Et ça ne venait pas ! En Afrique, lorsqu'il s'agit de chose sérieuse, il y a toujours

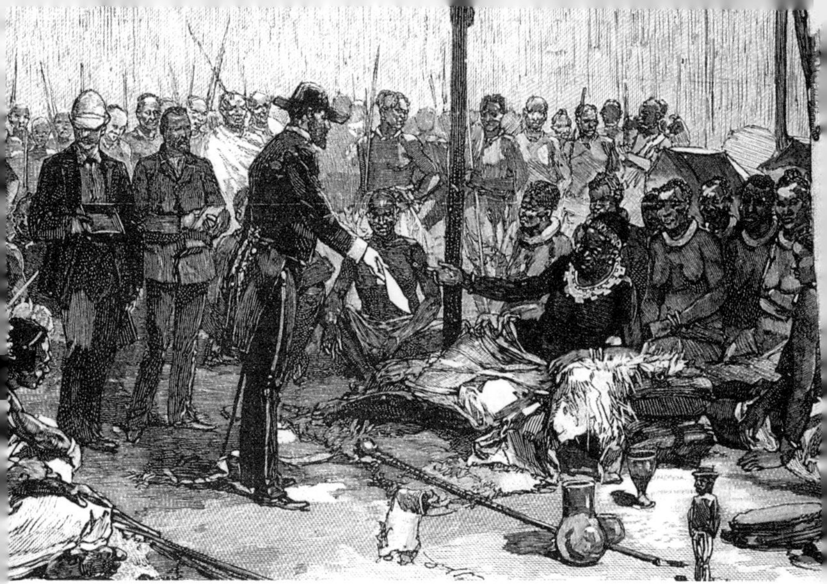

loin de la coupe aux lèvres. Il faut laisser le temps à la comédie de la vie de s'exprimer. En l'occurrence, elle dura douze jours. En outre, ne connaissant des actes des Blancs que la traite des Noirs, et ce depuis des siècles, le souverain voulait être convaincu de la bonne foi de Brazza. Finalement, il le fit appeler.

— Sans redouter la guerre plus que les Blancs, dit-il, nous préférons la paix. J'ai interrogé l'âme d'un grand sage, mon quatrième ancêtre, et, persuadé que nous n'aurions pas à lutter contre deux partis, j'ai résolu d'assurer complètement la paix en devenant l'ami de celui qui m'inspirait confiance.

Le 10 septembre 1880, Pierre Savorgnan de Brazza au nom de la France, et le roi Makoko signaient un traité par lequel le souverain africain plaçait son pays sous la protection du drapeau tricolore et cédait une partie de ce territoire aux Français afin qu'ils y implantent une station. Il appartenait à Brazza de choisir le lieu. Tous les principaux vassaux assistaient à la cérémonie. « Le traité étant signé, expliqua Brazza, le roi et les chefs mirent un peu de terre dans une boîte. En me la présentant, le grand féticheur me dit :

— Prends cette terre et porte-la au grand chef blanc ; elle lui rappellera que nous lui appartenons.

« Et moi, plantant notre pavillon devant la case de Makoko :

— Voici, leur dis-je, le signe d'amitié et de protection que je vous laisse. La France est partout où flotte cet emblème de paix, et elle fait respecter les droits de tous ceux qui s'en couvrent. »

Quand le turbulent rejeton de l'aristocratie italienne s'imaginait « marin dans la marine française », c'était à des scènes semblables qu'il rêvait. Mais que reste-t-il à un homme qui a vécu son rêve ? Il avait consumé tout son feu intérieur. S'il voulait brûler encore, il lui fallait échafauder d'autres ambitions. Il n'en était pas là. Il le comprendrait plus tard. Dans l'immédiat, son succès demandait à être concrétisé.

Brazza prit congé du Makoko, pour s'approcher du Congo, que le souverain n'avait pas le droit de voir sous peine de perdre ses pouvoirs. Là devait se dérouler une grande palabre avec les quarante chefs apfourous-oubandjis. La guerre ou la paix ?

— Regarde cet îlot, lui dit l'un d'eux. Il nous rappellera toujours qu'ici le sang oubandji a été versé par le premier Blanc que nous avons vu (Stanley).

Impressionné, Brazza assura que désormais règnerait la paix. On creusa un trou, face à l'îlot, l'un y jeta une balle, l'autre une pierre à feu, un troisième de la poudre et ainsi de suite. Ce fut au tour de Brazza. Il y jeta des cartouches. Un arbre fut planté et un chef déclara :

— Nous enterrons la guerre si profondément que ni nous ni nos enfants ne pourrons la déterrer, et l'arbre qui poussera ici témoignera de l'alliance entre les Blancs et les Noirs.

— Nous aussi, répondit Brazza, nous enterrons la guerre. Puisse la paix durer tant que l'arbre ne produira pas des balles, des cartouches ou de la poudre.

Lorsque la flottille oubandji repartit, toutes les pirogues arboraient le drapeau français. A ce spectacle, Stanley aurait ri, lui qui prétendait que les rois africains ne voient dans un drapeau « qu'un morceau d'étoffe plus ou moins heureusement bariolé, dont ils peuvent se faire une ceinture ». La suite lui prouva qu'il s'était lourdement trompé.

Le Makoko avait souhaité que le village des Blancs soit installé près de sa cité, afin de mieux éprouver la « protection » française. Brazza refusa et choisit un meilleur emplacement situé en aval, nommé Ntamo. L'expédition l'atteignit après cinq journées de navigation.

L'aspect du Congo avait changé. D'abord surplombé par des berges élevées, le fleuve, à présent, s'élargissait pour former une sorte de lac, parsemé d'îles, qui prendrait le nom de Stanley-Pool. En amont des premiers rapides, Ntamo, sur les deux rives, était un site stratégique. Celui qui le tenait contrôlait le Congo. Le 3 octobre 1880, Brazza prit possession de la rive droite, où se trouvaient les villages de M'Fa et N'Chassa. La deuxième station était fondée.

Il y resta quinze jours, le temps d'organiser son départ et de confier la garde de la future Brazzaville au sergent Malamine et à deux laptots. « Comme chef de la station française, précisait la note de service rédigée par l'officier, le sergent Malamine gardera ce poste jusqu'au jour où il sera remplacé par le chef définitif. » Avec un tel homme pour gardien Brazza pouvait partir tranquille. Malamine se serait fait tuer plutôt que de trahir. Et il était assez intelligent pour ne jamais se trouver dans une trop fâcheuse situation.

Le 18 octobre, Brazza se mettait en marche. Il ne souhaitait pas revenir sur ses pas, mais poursuivre la descente du Congo, avec l'espoir de bifurquer au nord pour reconnaître les vallées du Niari-Kouilou. Un seul fleuve, portant deux noms, coulant sur la rive droite du Congo et menant à la mer. Selon les renseignements recueillis, cette route était à la fois commode et agréable. Une solution de rechange à celle de l'Ogooué.

Il suivit à distance le cours du Congo et dépassa bientôt les territoires du Makoko. Là, il se heurta à des tribus hostiles qui défendaient avec ardeur leurs mines de cuivre.

Inexorablement, à mesure qu'il descendait le cours du bas Congo, ses pas le rapprochaient de l'homme de Léopold II, dans son quartier général, près du village de Matadi. Un jour de novembre 1880, Henry Morton Stanley reçut un simple papier blanc, sur lequel il était écrit : « Pierre Savorgnan de Brazza ».

La rumeur l'avait averti de l'approche d'un « autre grand chef blanc », venant de l'est, mais Stanley n'avait pas voulu l'entendre, comme il s'était moqué des conseils de prudence du souverain belge. D'ailleurs, sa réponse avait été sans nuance : « En ce qui concerne votre communication relative à une expédition française qui remonterait l'Ogooué vers le Stanley-Pool, permettez-moi de vous dire que je ne participerai à aucune course, étant donné que j'ai déjà atteint cet objectif il y a deux ans et demi. » Et voilà que le Français frappait à sa porte.

La rencontre fut courtoise. Stanley avait fait préparer un excellent repas, Brazza y fit honneur. Mais quel contraste entre les deux hommes engagés dans le même type d'entreprise. L'Anglais était petit, trapu, son front se dégarnissait, son épaisse moustache et l'arc dédaigneux de ses lèvres aux commissures tombantes lui donnaient un air farouche. Il était rasé, tiré à quatre épingles, col amidonné et bottes cirées. Il fumait la pipe. Le Français du Frioul préférait les cigarettes. Il avait tout du va-nu-pieds, du galérien fugitif. Les cheveux noirs en désordre, la barbe qui lui mangeait le visage. Grand, maigre, basané, les yeux toujours aussi noirs et le regard toujours brûlant. Il avait de nouveau revêtu son uniforme d'enseigne de vaisseau, comme lors de la réception chez le Makoko... et portait des chaussures ! « Deux hommes, dit Brazza, deux antithèses : la rapidité et la lenteur, la hardiesse et la prudence, la puissance et la faiblesse. »

Etrange conversation que la leur : Brazza parlait mal l'anglais, Stanley ne connaissait pas le français. Elle eut lieu néanmoins et roula... sur le Congo. Bien sûr. Habitué aux salons parisiens, l'officier français manœuvrait, bavardait, lâchait un lieu commun par ci, une idée par là : « Le fleuve Congo devrait être neutre. » Stanley n'empruntait jamais les chemins détournés de la diplomatie, son extraordinaire confiance en lui-même rendait inutile la discussion. Son mépris profond pour les Noirs de l'Ouest africain, et les « petits Belges » qu'il voyait accourir, lui interdisait de comprendre le discours de son hôte. Egoïste au dernier degré, il n'imaginait pas qu'un homme puisse affronter de tels périls pour autre chose que son profit. Si bien qu'à la fin du repas, ni l'un ni l'autre ne sut où en était son concurrent et quels étaient ses projets. Avant de partir, Brazza lâcha qu'il avait créé un poste sur le site de Ntamo et que le sergent Malamine en assumait la garde, au nom de la France. Stanley eut un geste de dépit. Il était solide mais encaissait mal. Brazza comprit que son adversaire ne baisserait pas les bras avant d'avoir tout tenté pour annuler l'avantage des Français. Dès lors, à M'Fa et N'Chassa, Malamine fut en danger.

Brazza ne pouvait s'en retourner au Stanley-Pool et il n'avait sous la main personne qui pût s'en aller soutenir les gardiens de la station. Inquiet, en rejoignant la côte, il s'arrêta chez les pères de Landana et demanda à s'entretenir avec le supérieur de la mission. Ce fut une prière qu'il lui adressa : envoyer des missionnaires auprès du sergent Malamine pour que les droits légitimes de la France ne soient pas bafoués. Le R.P. Augouard, celui que l'on surnommera « l'évêque des anthropophages », partit avec une caravane d'indigènes de la côte affronter les « sauvages de l'intérieur ».

Stanley apprit cette démarche et, pour devancer le missionnaire, envoya ses propres « évangélistes » à Malamine qui les fit déguerpir sur-le-champ. L'homme de Léopold II revint à la charge en personne, escorté par huit Zanzibarites armés jusqu'aux dents.

Brazza avait demandé à Malamine de devenir « populaire » parmi les tribus, ce qu'il n'eut aucune peine à faire. Son chef ne lui avait laissé que de maigres ressources, mais il était excellent chasseur et le ravitaillement de bouche ne fut jamais un problème. Très vite, Malamine fut chez lui partout. Installé d'abord à M'Fa, il prit ses quartiers à N'Chassa où un vassal de Makoko lui fournissait des cases.

Lorsque Stanley se présenta avec son « armada », le 27 juillet 1881, décidé à occuper tout le site de Ntamo, c'est-à-dire les deux rives du Congo, Malamine alla au-devant de lui. Le fusil dans une main, le traité signé par le Makoko dans l'autre, il barrait la route aux Zanzibarites et à leur chef. En langage toucouleur, il s'adressa à son compatriote sénégalais Samba-Tiam : « Je ne pense pas qu'il arrive rien de grave, mais si on arrive aux coups de fusil, ne tire pas sur les Noirs, tire sur le Blanc. » Devant une telle détermination, la prudence commandait le repli.

« Son abord était empreint d'une mâle franchise, écrivit Stanley, impressionné. Le sergent était un homme supérieur quoiqu'il fût un Sénégalais bronzé. Il était dans son élément au milieu de ces Noirs africains qui étaient très au-dessous de lui et il exécutait avec un tact et une habileté consommés les instructions qu'il avait reçues de son maître. »

Bel hommage, certes, mais Stanley se trompait encore une fois. Ce n'était pas à un maître qu'il obéissait, mais à un homme et à une idée qu'il pensait représentée par un drapeau.

En fait, Malamine avait si bien organisé ses défenses que Stanley ne put prendre pied en aucun point de la rive droite et qu'il dut se rabattre sur la rive gauche. Une nouvelle tentative de débarquement un an plus tard, avec des bateaux à vapeur cette fois, se solda aussi par un échec.

Le R.P. Augouard n'arriva à proximité du lac qu'au début du mois d'août 1881. Il prit contact avec Stanley. La rencontre fut cordiale. Ensuite, il s'en alla voir Malamine qui lui réserva meilleur accueil qu'aux Zanzibarites, mais sans plus. Il ne le laissa pas s'installer dans les parages ! Son chef lui avait ordonné de n'autoriser que l'installation des Blancs porteurs de plumes de coq, en guise de signe de reconnaissance. Un « détail » que Brazza avait omis de signaler aux missionnaires... Volontairement ou non.

Augouard allait éprouver longtemps de la rancune à l'égard de Malamine. Il dira de lui qu'il était « indigne de représenter la France », ce qui lui vaudra d'être soupçonné par Brazza d'avoir quelques affinités avec Stanley et l'association du roi des Belges. Plus tard, beaucoup plus tard, ce sera pourtant « l'évêque des anthropophages » qui rendra hommage au sergent sénégalais en écrivant : « Le Congo français a été fait par Malamine. »

Tandis que Stanley s'en allait se casser les dents sur le Pool, Brazza gagnait la côte et embarquait pour Libreville. Il avait hâte d'y parvenir, ce qu'il avait vu à Banane et sur le cours inférieur du Congo lui ayant soulevé le cœur. Une meute de négriers prospères jouissait de la traite comme aux plus beaux jours du commerce triangulaire. La fourche destinée à mener les esclaves par le cou était l'outil de base de tout bon commerçant.

Il posa le pied au Gabon le 15 décembre 1880, y chercha Ballay et ses vapeurs... Rien !

— Faut-il donc plus d'un an en France pour construire une chaloupe ? s'écria-t-il, fou de rage. A-t-on renoncé à l'exploitation de l'Alima, ou bien nous a-t-on simplement oubliés ?

Pourquoi cette colère ? S'il s'en tenait aux textes, les objectifs de sa mission étaient remplis. Les stations créées, il pouvait rentrer se rétablir en France, car sa santé avait encore été mise à rude épreuve. Non, il ne s'en sentait pas le droit. Il avait laissé Noguez et Michaud sur l'Ogooué, et Malamine sur le Congo, il n'avait pas le droit de les abandonner. Vingt-quatre heures après son arrivée à Libreville, il reprenait le chemin de l'Ogooué avec sa troupe, grossie de deux marins : Guiral et Amiel, ainsi que des Gabonais, charpentiers, jardiniers, etc.

A Lambaréné, il retrouva Michaud qui attendait toujours Noël Ballay. Ses piroguiers, lassés, menaçaient chaque jour de repartir. L'arrivée de Brazza leur rendit l'espoir... ainsi qu'à une foule d'esclaves venus le supplier de leur offrir aide et protection.

— Il faudrait des postes, se lamentait

Brazza. Mais avec quelles ressources les créer ?

Il n'avait plus un sou de crédit, écornait sa propre fortune et s'était engagé à payer les frais de la fondation de Franceville si le gouvernement ne reconnaissait pas la station. « J'ai dépensé jusqu'à présent quarante-cinq mille francs, écrivit-il à sa mère. Comme la première fois, mon pauvre budget personnel est venu au secours du budget de la France, mais maintenant je suis aux abois... Mon chapeau et mes souliers sont à toute extrémité, ce qui me cause une certaine appréhension... » Il suffisait pourtant de peu de choses pour disposer d'un capital solide, et d'abord exploiter les richesses à portée de main : noix de palme, arachide, essences précieuses, bois rouge, ébène, ivoire, caoutchouc... Toute la contrée n'était qu'une forêt de caoutchouc.

« Je ne surprendrai malheureusement personne en disant par qui (les Anglais) commencent à être exploitées les richesses que nous avons révélées, écrira Brazza. Mon patriotisme s'inquiète de l'absence de factoreries françaises. Car les colonies et même les possessions ne sont que des causes d'épuisement pour une nation lorsqu'elle ne peut y envoyer que des soldats. Ne soyons point les gendarmes de la colonisation moderne, ce serait un métier de dupe. Il faut être humanitaire soit, mais avant tout patriote. »

Il avait changé, insensiblement. Celui qui rêvait de répandre la liberté sur le monde, au nom de la France, parce qu'à ses yeux elle incarnait cet idéal, devenait un défenseur de la patrie. Ce n'était plus exactement la même motivation. Si l'ample toge de l'humaniste seyait bien à Pierre Savorgnan de Brazza, l'étroite vareuse du patriote allait le gêner aux entournures.

En février 1881, il arrivait à Franceville. Après avoir chaviré sur le fleuve, il souffrait d'une épouvantable dysenterie et une blessure au pied devait être soignée avec les moyens du bord. « Un charlatan de l'endroit appliqua sur la plaie un diable d'onguent qui me fit enfler le pied gros comme la jambe. Privé de médicaments, et de ma trousse que j'avais laissée aux officiers de la mission Stanley, je pris mon couteau et taillai dans le morceau jusqu'à un centimètre de profondeur, supprimant tout ce qui n'avait pas une jolie couleur de chair fraîche. J'en fus quitte pour deux mois d'inaction. »

Dès son installation, il s'occupa de faire acheminer du ravitaillement à Malamine, puis il se consacra quelque temps à la station. Elle commençait de s'organiser, entre les mains des anciens esclaves. Brazza s'amusait de la présence des ânes, rapportés de la côte par Michaud, et qui s'acclimataient parfaitement.

On les montait pour parcourir « le domaine, comme à Montmorency ». Cette prospérité naissante était due aux efforts de Noguez, qui devait décéder peu après d'une « bilieuse ».

Brazza était déjà reparti, à peine rétabli, pour tracer la route de l'Ogooué à l'Alima dont dépendait l'accès au Congo. Quatre cents hommes, menés par Amiel, Guiral et Michaud, travaillèrent durant des mois. Des escouades de défricheurs, puis de terrassiers transformaient une trouée à travers la forêt en une route praticable. En septembre, le poste de l'Alima était fondé, avec l'accord de tous les chefs des villages venus s'asseoir sous l'arbre à palabre. Brazza était si malade qu'il parvenait difficilement à marcher. Il regagna pourtant Franceville, où se préparaient des événements importants.

Les nouvelles vont vite dans la forêt, plus vite que les hommes, et l'arrivée d'un Français était annoncée depuis longtemps déjà. Brazza était occupé à rassembler les porteurs pour les envoyer à Ballay quand Louis Mizon accosta à Franceville. Il portait une lettre qui faisait de lui le responsable de la station. Pierre Savorgnan de Brazza était remercié, rappelé en France, sans explication.

Brazza connaissait Mizon pour l'avoir côtoyé à l'Ecole navale. Il était lui aussi enseigne de vaisseau mais travaillait à présent pour le compte du comité français de l'Association internationale africaine. Il y avait machination, bien sûr, mais de quel ordre ? Mizon n'en connaissait pas le fin mot et, de toute façon, Brazza n'était pas homme à s'abaisser au point de l'interroger. Il continua de gérer Franceville, sans lui demander son avis, puis il annonça son départ.

En remettant à son successeur le drapeau de la station, il fit un discours qui avait tout d'une mise en garde :

— L'esclavage est aboli dans l'Ogooué. La station de Franceville est un lieu d'asile où tous les esclaves évadés venant habiter son sol trouveront la liberté. L'héritage que je laisse à mon successeur est le droit incontesté, que toutes les populations de l'Ogooué viennent de me reconnaître, de libérer tout homme esclave qui vient me demander protection.

Evincé, Brazza était officiellement contraint de rentrer en France... C'était mal le connaître. En descendant le Congo, après son séjour chez le Makoko, il avait essayé de s'aventurer dans la région du Niari-Kouilou. L'hostilité des populations l'avait forcé à renoncer. Il était temps, sur le métier, de remettre l'ouvrage. L'Ogooué, cette fois, il ne le descendrait pas, il le remonterait, puis passerait de sa vallée à celle du Niari et s'efforcerait de rejoindre la côte par la voie la plus aisée pour de futures caravanes.

Le 8 février 1882, en arpentant une montagne, il découvrit une petite flaque d'eau : la source de l'Ogooué, ce fleuve qu'il ne cessait de parcourir depuis six années déjà. Brazza venait de fêter ses trente ans.

Un mois plus tard, il atteignit le Niari, un fleuve large d'une centaine de mètres, qui prenait plus bas le nom de Kouilou avant de se jeter dans l'océan. Après avoir observé la situation d'un sommet et aperçu dans le paysage une coupure qui pouvait être une voie entre l'Atlantique et la station du Congo, il commença l'exploration de la rive gauche du Niari.

Un jour, l'un de ses hommes qui s'était écarté de la piste fut capturé. Quand Brazza alla le récupérer dans un village, le chef lui répondit :

— Là-bas (il indiquait la direction du fleuve Congo), le Blanc paye quand on lui ramène ses esclaves. Pourquoi ne payerait-il pas ici ?

Stanley ne monta pas dans l'estime de Brazza. Quelques jours plus tard, un autre incident plus grave survint. Pour la première fois, les membres d'une tribu, devenus menaçants, ne purent être ramenés à la raison. Il y eut des coups de feu et six blessés dans les rangs des explorateurs. Sous une pluie battante, en pleine nuit, Brazza ordonna la retraite et quitta au plus vite la région.

Le 17 avril 1882, il atteignit la côte et trouva refuge, éperdu de fatigue, chez les missionnaires de Landana. Il avait parcouru plus de six cents kilomètres depuis Franceville, exploré la vallée du Niari-Kouilou et reconnu les emplacements des mines de cuivre. Il regagna Libreville, luttant contre les fièvres et se décida enfin à rentrer à Paris. Il en avait le droit.

En deux ans et demi, il avait ajouté à sa précédente conquête un territoire aussi étendu que le tiers de la France, effectué des observations astronomiques sur environ quatre mille kilomètres, rassemblé des collections géologiques, fondé deux stations, signé de nombreux traités, libéré des centaines d'esclaves. Surtout, il avait fait aimer et respecter le drapeau de la France. Ce fut à cet instant, alors qu'il embarquait, qu'une lettre lui parvint, rapportant des propos tenus par Léopold II : « M. de Brazza aura beau se remuer, il ne réussira jamais à faire ratifier son traité. On jouera avec le Congo comme avec un jouet. M. de Brazza emploierait bien plus utilement son temps en venant se joindre à nous. »

On aurait pu le croire trop fatigué pour

relever le défi du roi des Belges, mais ce message cynique lui apprenait qui fomentait dans l'ombre les mauvais coups : son éviction, la nomination de Louis Mizon et, plus grave, plus lâche, le rappel récent de Malamine et la nomination d'un autre garde-pavillon. Il ne disposait que d'un moyen pour contrer le monarque : faire ratifier le traité Makoko.

A la fin du mois de mai 1882, Pierre Savorgnan de Brazza et le mécanicien Michaud débarquaient à Porthsmouth, sans un sou en poche. Ils s'en remettaient aux bons soins du consul de France, M. Bogaert, qui télégraphiait à Paris pour informer de l'arrivée impromptue du fameux explorateur. Le ministère de la Marine et des Colonies répondait : « Vu urgence, payez voyage et rapatriez Brazza par les voies les plus économiques. » C'est beau la reconnaissance.

Le 7 juin 1882, il était à Paris.

4.

Clemenceau désavoue Brazza : l'Alsace avant le Congo !

A l'arrivée de Brazza en France, l'expansion coloniale n'avait plus bonne presse. La droite en dénonçait le coût financier, la gauche nationaliste, Clemenceau en tête, la tenait pour une trahison, car elle aurait diverti la nation de son seul objectif honorable : la reconquête de l'Alsace-Lorraine. Par deux fois les gouvernements de Jules Ferry devaient tomber par sa faute, lors des expéditions de Tunisie et du Tonkin. Le vote des lois scolaires qui décidaient de l'enseignement primaire obligatoire, gratuit, laïque, déchiraient le pays. Partout le mot d'ordre de Gambetta résonnait encore : « Le cléricalisme, voilà l'ennemi ! » Le régime parlementaire se débattait dans les incertitudes. L'absence de partis constitués empêchait toute stabilité. Peu de penseurs et d'artistes relevaient le gant. « C'est une faillite du siècle, criait Sandoz, un ami de Zola. Le pessimisme tord les entrailles, le mysticisme embrume les cervelles. »

En septembre 1880, sous la direction de Ferdinand de Lesseps, on avait commencé de percer l'isthme de Panama ; les îles de Tahiti et de la Société venaient d'être annexées. Mais les entreprises coloniales, résultats d'initiatives personnelles, échappaient à toute planification.

En Europe, si la France n'avait plus d'ennemi déclaré, elle affrontait une puissante concurrence. En 1881, la Ligue des trois empereurs (Russie, Allemagne, Autriche-Hongrie) s'était renouvelée. L'année suivante, l'Italie était entrée dans une triple alliance avec l'Allemagne et l'Autriche. L'Angleterre, elle, s'occupait d'asseoir son hégémonie sur une grosse partie du globe et s'implantait en Egypte.

Le retour de Pierre Savorgnan de Brazza passait donc au second plan malgré l'importance historique de son expédition congolaise. Les milieux politiques n'avaient pas de temps à lui consacrer, ceux des affaires se montraient sceptiques, la hiérarchie militaire jouait le bel indifférent. Brazza allait en appeler à l'opinion publique, avide de tirades cocardières, qu'il avait déjà su mettre de son côté, avec du bon sens, un zest de démagogie et beaucoup de lyrisme.

Les scientifiques et les historiens, aux poches vides mais influents, applaudissaient au récit de ses conquêtes et l'appuyaient. Ferdinand de Lesseps incitait auprès de la Société de Géographie pour que soit donné le nom de Brazzaville à la station du Congo. Une grande manifestation fut organisée à la Sorbonne. Henri Martin, président d'honneur de la Société historique, salua « le jeune et héroïque voyageur qui nous revient du fond de cette Afrique obscure, champ désormais ouvert à la civilisation et à la France. » Il le félicitait d'avoir commencé « un chapitre nouveau de notre histoire coloniale ».

— Un chapitre nouveau ? rétorqua Brazza. La vérité est que je n'en ai écrit qu'une ligne, la première et la plus modeste... Je n'ai rien fait, j'ai seulement montré ce que l'on pouvait faire.

Belle modestie, feinte modestie. Mais qui déterminait l'adhésion du public. Un engouement qui se transforma le lendemain en enthousiasme populaire. En quelques mois, celui que l'on rapatriait par des « voies économiques » était devenu le héros, l'homme à la mode, reconnu dans la rue, sollicité par tous, invité partout.

Pour barrer la route à l'aristocratique va-nu-pieds, Stanley était rentré en Europe dès septembre. Le 20 octobre, alors qu'il se trouvait à Paris pour un banquet du « Stanley Club », au cours duquel il devait discourir, il aurait croisé Brazza sur les grands boulevards. Goguenard, Stanley aurait lancé à son adversaire : « Brazza, I am going to kill you to night » (Brazza, je vais te démolir ce soir). Brazza n'aurait pas répondu.

De toute façon, pour Stanley, il était trop tard, et même les puissants amis de Léopold II devaient mettre la sourdine : Brazza était incontournable. Les milieux politiques allaient réagir.

Le 18 novembre 1882, Charles Duclerc, président du Conseil et ministre des Affaires étrangères, présentait le projet de loi portant ratification des traités Makoko. Quatre cent quarante et une voix contre trois ! Même Clemenceau votait pour ! Douze jours plus tard, la loi était publiée au *Journal officiel*. Une affaire rondement menée.

Pierre Savorgnan de Brazza était promu lieutenant de vaisseau et paré du titre de commissaire général de la République dans l'Ouest africain. Une nouvelle expédition était décidée, avec un crédit de un million deux cent soixante-quinze mille francs cette fois. Mission : fonder des stations et des postes nouveaux pour assurer le maintien de la situation déjà acquise et garantir le libre parcours de l'Ogooué et du Niari-Kouilou. On mettait à sa disposition un personnel conséquent.

Un état-major de huit personnes, parmi lesquels on retrouvait Michaud, le compagnon de sa deuxième expédition, et qui comptait aussi le lieutenant de cavalerie Decazes, l'écrivain et géographe Dutreuil de Rhins et l'ingénieur de l'Ecole des mines Rigail de Lastours. Le nombre des agents auxiliaires était porté à vingt et un, dont Albert Dolisie, ancien officier d'artillerie, et Roux, élève en pharmacie.

Les ministères de la Marine et de la Guerre prêtaient un adjudant, trois sous-officiers, un maréchal des logis, vingt marins. L'Histoire conserva la mémoire de deux noms : le sergent Malamine et Veistroffer.

Une mission scientifique, relevant du Museum, les accompagnait. A sa tête, Jacques de Brazza, docteur ès-sciences, et frère de l'explorateur. Pour le seconder, Attilio Peccile.

Les hommes restés sur place devaient se mettre sous les ordres du commissaire général. C'était le cas de Louis Mizon et de Noël Ballay.

Cent trente-neuf laptots sénégalais formaient le gros de la troupe, renforcée par vingt-cinq tirailleurs algériens.

Un vapeur, *Oloumo*, fut mis à disposition pour transporter hommes et matériels depuis

Libreville jusqu'au point où l'Ogooué cessait d'être navigable.

Une ère nouvelle s'ouvrait, celle de la prise de possession de l'Afrique équatoriale. C'en était fini de l'explorateur aux pieds nus, du coureur des bois en guenilles. Pierre Savorgnan de Brazza se retrouvait à la tête d'une petite armée et d'une administration, lourde et tatillonne. Comme il n'avait aucun talent pour la paperasse, il lui fallait un bras droit, un homme de toute confiance pour le décharger de ce fardeau.

Ce fut un Lyonnais de vingt-neuf ans qui se présenta, un jour de novembre 1882, à l'hôtel de Bade où Brazza résidait. Son nom : Charles de Chavannes. Brazza partait à un rendez-vous au ministère de la Guerre, il était pressé.

— Que me voulez-vous ? demanda-t-il en le toisant sans bienveillance.

— Cinq minutes d'audience. Je patiente depuis neuf heures, après vous avoir fait transmettre ma carte et celle de Dalin qui fut votre condisciple à l'école de la rue des Postes.

Brazza descendait l'escalier. Dans la rue, il soupira, jeta un regard sans aménité à Chavannes et l'invita à monter en voiture avec lui.

— Vous êtes au moins le centième solliciteur à m'assaillir depuis huit jours. Savez-vous ce que c'est que l'exploration ? Que savez-vous faire ?

Chavannes possédait une licence en droit, était officier de réserve, savait effectuer un relevé topographique.

— Connaissez-vous l'astronomie ? Savez-vous faire le point ?

— Non, mais je peux m'instruire des données nécessaires si cela est exigé de moi.

Déjà la voiture s'arrêtait devant le ministère de la Guerre. Brazza sauta sur le trottoir et lâcha :

— Venez me voir à l'hôtel de Bade demain à neuf heures.

A l'heure dite, Brazza le reçut dans sa chambre. Chavannes n'oublia jamais cet instant : « Je me retournai à gauche, du côté du lit métallique établi dans un angle et j'eus alors ce spectacle : un grand corps allongé sous les couvertures, une tête brune ébouriffée enfouie dans les oreillers, de grands yeux, noir de jais, encore alourdis de sommeil, de longs bras reposant sur la literie. A quelques décimètres de la figure, une table de nuit quelque peu dévernie sur laquelle, dominant trois ou quatre paquets de cigarettes éventrés et autant de boîtes d'allumettes, trônait un copieux récipient de porcelaine blanche (vraisemblablement disposé là pour servir de cendrier au fumeur). » Brazza bâilla et lui indiqua une chaise.

— Répétez-moi ce que vous avez dit hier.

Chavannes s'efforça de mieux se présenter. Des études, mais peu d'expérience.

— Voyons... marmonna Brazza en se redressant pour s'appuyer sur un coude. Tout ce que vous m'avez raconté ne prouve pas que vous ayez beaucoup d'esprit de suite, ni beaucoup de volonté.

L'entrevue tourna court. Tout juste si l'explorateur le salua en promettant de faire, s'il le pouvait, quelque chose pour lui. Charles de Chavannes rentra à Lyon. Les mois passèrent. En février 1883, il lut dans un journal l'annonce du départ de Brazza fixée au 10 mars. A l'évidence, il n'avait plus la moindre chance... Pourtant, le 7 mars, il reçut un télégramme : « Si vous pouvez venir à Paris, serai heureux de vous voir. — Brazza. » Chavannes arriva le 9. Brazza le reçut encore une fois dans sa voiture. Et lorsque le solliciteur lui demanda la raison de sa convocation, il s'écria :

— Mais vous partez avec moi !

Fou de joie, Chavannes lui prit les deux mains et le remercia avec effusion.

— A quel titre devrai-je partir ?

— Comme mon secrétaire particulier.

— Et à quelle date devrai-je me mettre à votre disposition ?

— Le 12 à Bordeaux. Hôtel Richelieu.

Trois jours seulement !

— Mais... bredouilla Chavannes, je n'ai rien de prêt et...

— Allez demain chez Conza, au 59, rue Meslay. Il est le fournisseur de la mission, il vous équipera.

Déjà la voiture s'arrêtait devant un porche, Brazza descendit.

— Adieu, à bientôt.

Le cœur battant, Chavannes fila chez Conza. On lui prépara deux complets de chasse cachou (un de laine et un de toile), une ceinture et trois chemises de flanelle, six paires de chaussettes, une douzaine de mouchoirs, un casque colonial et un poncho caoutchouté. On prit ses mesures pour faire fabriquer deux paires de grosses bottines de chasse. Tout le paquetage devait être livré à Bordeaux. Voilà comment on devenait explorateur à la fin du siècle dernier.

Brazza avait trouvé son secrétaire, son bras droit, audacieux et réfléchi, débordant « d'esprit de suite » et de « volonté ». Il allait être le plus acharné de ses collaborateurs, l'un des plus intelligents, des plus cultivés. Brazza avait aussi gagné un ami fidèle. Chavannes allait tenir, jour après jour, heure après heure, la chronique de la naissance du Congo français. Un document inestimable.

Le 1er janvier 1883, sous la responsabilité de l'ingénieur Rigail de Lastours, un détachement quittait Bordeaux. Brazza embarquait le 20 mars à bord du trois-mâts barque *Précurseur*. Dans le carré, l'ennui venant, l'inquiétude aidant, l'ambiance était souvent tendue. Chavannes s'en plaignit à l'officier d'artillerie Dolisie qui répondit :

— Voyons, penses-tu que, pour cent cinquante francs par mois, on puisse recruter uniquement des ambassadeurs ?

Le problème nouveau de Brazza se dessinait : des hommes choisis, à quelques exceptions près, davantage pour leurs aptitudes physiques que pour leur potentiel intellectuel. La tâche dépassait les capacités d'un seul homme, l'explorateur devait jouer les généraux. On ne met pas en place une structure administrative, économique et technique comme on franchit un rapide de l'Ogooué.

Quatorze jours plus tard, à Dakar, Malamine et ses laptots montaient à bord. Libreville les accueillait le 21 avril. Le plus complet désordre y règnait et rien n'avait été préparé pour faciliter les expéditions. Le matériel s'empilait sous la pluie. Les agents de la mission dormaient où ils pouvaient. Brazza dut aiguiser là ses talents d'organisateur, mal secondé par des adjoints qui payaient leur tribut à l'Afrique en subissant les premiers assauts des fièvres.

En mai, il parvint tout de même à Lambaréné. Le temps de créer un poste sur le haut Ogooué et le commissaire général retournait sur la côte où les hommes de Léopold II et les commerçants portugais, surnommés « les frères de la côte » s'activaient contre les intérêts français. L'aviso le *Sagittaire*, commandé par le lieutenant Cordier, se dirigeait sur Loango pour s'opposer aux mercenaires armés de l'A.I.A., en position sur le Kouilou. Brazza embarqua sur l'aviso *Oriflamme* pour rejoindre *le Sagittaire*.

Le pavillon français flottait déjà à Pointe Noire, mais les indigènes de Loango se montraient hostiles. Le 20 mai, une baleinière fut envoyée à terre, mais l'embarcation chavira en franchissant la barre. Sur la plage, les marins se débarrassèrent de leurs vêtements afin de nager librement et de sauver leur canot. Ceci fait, ils constatèrent que leurs effets avaient été volés. Informé, Brazza donna l'ordre de débarquer avec un détachement de Sénégalais. Pour finir, le roi local, étranger au larcin, accepta de céder une partie du territoire où avait eu lieu l'incident en réparation de l'insulte.

Heureux dénouement d'une banale altercation qui consacrait Albert Dolisie premier résident de Loango. De là, il allait préparer une exploration destinée à ouvrir une route entre ce point de la côte et Brazzaville (Brazza avait déjà exprimé à plusieurs reprises le besoin d'une voie ferrée reliant l'Atlantique à l'intérieur du Congo). Quelque temps plus tard, après huit jours de blocus exercé par le *Sagittaire*, l'arrestation de deux cents Noirs et de deux commerçants européens, le poste de N'Gotou était fondé, près de Mayomba, au-dessus de l'embouchure du Kouilou.

Brazza, lui, était retourné à Lambaréné depuis le 6 juin et exigeait de Louis Mizon qu'il l'accompagnât à Franceville.

— Pour quoi faire ? répliquait Mizon. Tu as été mis à ma place, je m'en vais, voilà tout.

— Non, tu dois me remettre dans les formes voulues les services de ta mission, personnel et matériel et tu ne peux le faire qu'à Franceville. Comme commissaire du gouvernement, je t'en donne l'ordre.

Brazza savait aussi se montrer intransigeant.

Après leur arrivée à Franceville le 21 juillet, il confia néanmoins à Mizon la reconnaissance de la région du Niari-Kouilou. A Chavannes qui s'en étonnait, Brazza expliqua :

— Après les histoires de Malamine sur le Congo, je le tenais par un fil et je pouvais le laisser tomber, mais j'ai jugé que l'homme avait quelque chose dans le ventre, qu'il pouvait faire œuvre utile et en même temps rentrer en France avec une auréole rachetant le passé. La rancune ne sert à rien.

Mizon ne l'entendait pas de cette oreille et passa son temps à dénigrer son ancien condisciple du « Borda ».

En remontant de l'Ogooué, les missionnaires du Saint-Esprit lui donnèrent du fil à retordre : ils voulaient bâtir leur mission à l'emplacement choisi par Rigail de Lastours pour édifier un poste. Brazza les invita à décamper sans autre précaution. A ceux qui criaient qu'il prenait ses conseils du diable, il répondit en souriant :

— C'est un bon diable qui me veut du bien.

A Franceville, les vigoureuses plantations de bananiers apportaient la seule note fraîche à un tableau noir. Mizon n'avait pas su se faire aimer et respecter, malgré son courage et son énergie. Les populations lui étaient hostiles. Quant au climat, il convenait si mal aux Européens que la station ressemblait à un gigantesque hôpital. Brazza n'avait pas le temps de tout réorganiser. Sa réputation suffisait à restaurer la confiance, c'était déjà ça. Noël Ballay attendait à Diélé, prêt à descendre l'Alima... pour peu qu'on lui apportât les chaudières de son vapeur ! Chavannes le premier fut envoyé à sa rescousse, Brazza les rejoignit le 7 septembre. Ballay et lui ne s'étaient pas revus depuis trois ans.

Les négociations avec les Apfourous avaient repris. Petit à petit, ils acceptaient l'idée d'offrir leur main-d'œuvre à un service régulier entre l'Alima et le Congo. Finalement, la grande pirogue fut mise à flot le 14 octobre. Elle pouvait supporter huit tonnes de lest, emportait des vivres pour six mois et des marchandises de troc. Une embarcation française allait enfin naviguer sur le Congo à partir de l'un de ses affluents. Ceci fait, la route Ogooué-Alima-Congo serait ouverte.

Douze hommes, commandés par Malamine, y prirent place. Puis ce fut le tour de Ballay. Pierre Savorgnan de Brazza resta sur la rive. Le cœur serré, il regarda s'éloigner la pirogue. Bientôt elle atteindrait le lieu de l'affrontement de la première expédition. Au-delà, l'inconnu... Et, pour la première fois, il n'en serait pas.

Le jour de l'attribution de la troisième mission, une ère nouvelle de la conquête du Congo s'était ouverte, Brazza en mesura l'importance seulement sept mois après son départ. Il ne marcherait plus en tête de toutes les colonnes, ne prendrait plus place sur toutes les pirogues « amiral ». D'autres allaient défricher les régions inexplorées de « son » Congo. Il était le patron. Il aurait dû s'installer à Libreville, à Franceville ou dans la future Brazzaville et administrer. Mais c'était trop lui demander. Lui qui avait dessiné un extraordinaire terrain d'aventure ne supportait pas l'idée que tout le monde en profitât sauf lui !

Chavannes alla fonder un poste sur la Lékéti, affluent de l'Alima. De Lastours reconnut le N'Coni, affluent de l'Ogooué et pénétra loin dans le pays batéké. Decazes installa à Boué un poste important. Ballay ne se contenta pas d'atteindre le Congo, il fut reçu à bras ouverts par le Makoko. Brazza attendit février 1884 pour monter à bord du vapeur baptisé le *Ballay*, et descendre à son tour l'Alima, suivi d'un long convoi de pirogues.

En pénétrant avec les eaux vertes de l'Alima dans le flot boueux du Congo, ce fut le choc ! « Les pagayeurs ont tu brusquement leur chanson, rapportera Chavannes qui était de nouveau aux côtés du chef de mission. Ils ont immobilisé leurs pagaies le long des pirogues... Pas un souffle ne ride l'immense surface qui semble être une mouvante coulée de plomb fondu. L'air est lourd. Une buée tiède uniformise les tons et les couleurs en des gammes de gris indéfinissables et comme sans valeur pro-

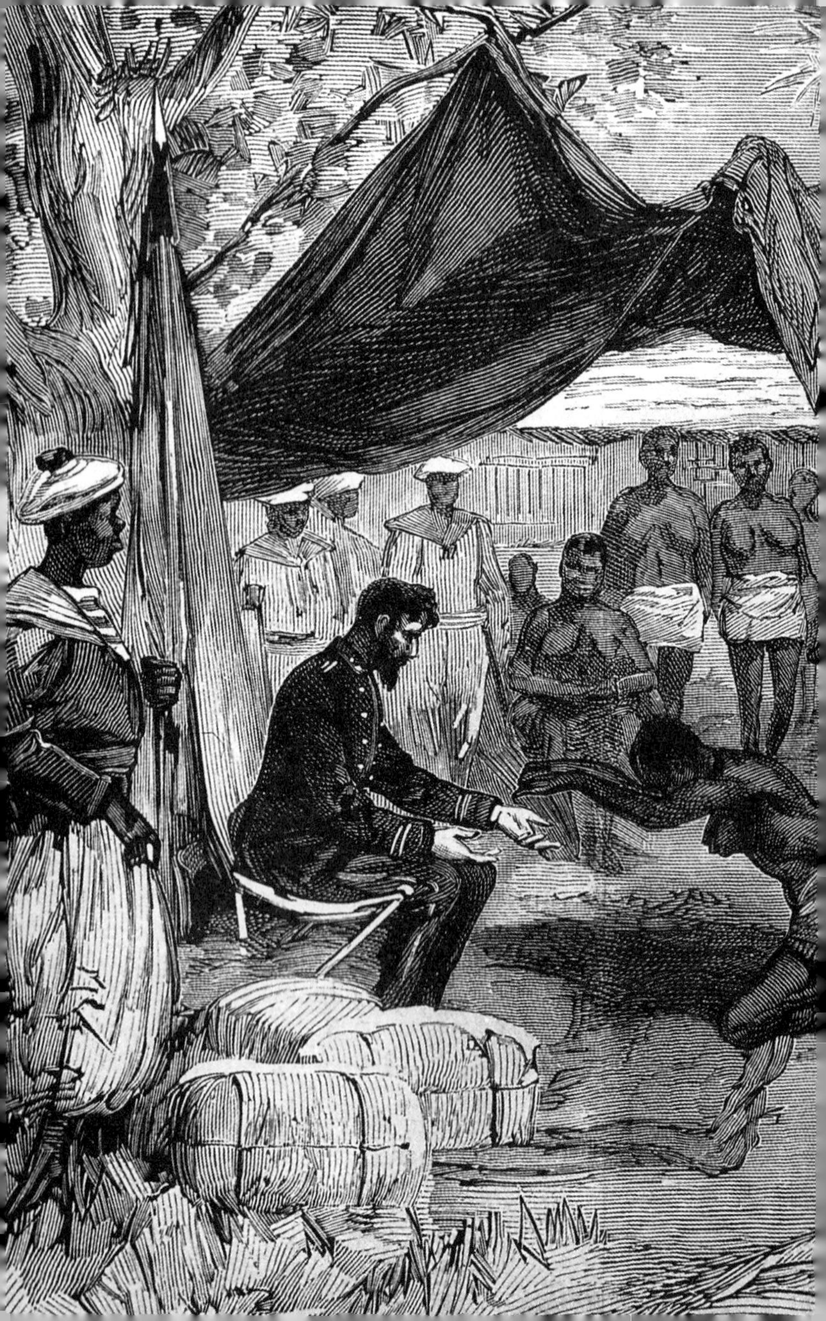

pre... L'étrangeté et l'inattendu du spectacle, comme la grandeur de ses proportions, contribuent à créer une émotion intense, mais sans joie. »

Le 9 avril 1884, Brazza, Ballay, Chavannes et Malamine firent leur entrée solennelle dans le village du Makoko, où se déroulait la fastueuse cérémonie de remise des traités ratifiés par le Parlement français en décembre 1882. Une nouvelle fois, tous les vassaux prêtèrent serment d'allégeance, y compris ceux qui s'étaient, à un moment ou à un autre, liés à Stanley pour ourdir des conspirations contre le Makoko et les Français.

Brazza se rendit ensuite sur le site de N'Tamo pour choisir l'emplacement définitif de Brazzaville. « De là, écrivit-il, le regard embrasse dans son entier l'immensité du Stanley-Pool et le cirque de hautes montagnes qui l'entourent. Le pays est peuplé, le sol est fertile, l'air est sain et la brise constante d'ouest y apporte la fraîcheur relative des plateaux qu'elle a traversés. »

Il lui restait une délicate partie à jouer. Le Makoko avait cédé à la France les territoires des deux rives du Congo, mais le souverain belge n'avait aucune intention d'abandonner ses positions de la rive gauche. Les tentatives de Brazza et des ses émissaires pour engager des négociations avec les autorités de la nouvelle Léopoldville étaient vaines. La confusion était totale. Dans les capitales européennes, comme sur le terrain, on finissait par admettre qu'il fallait un accord... sur le dos de l'Angleterre, faute de quoi elle risquait de tirer les marrons du feu. Finalement, au cours de l'été 1884, Stanley et Brazza se partagèrent la région. La rive gauche restait aux mains des Belges, la rive droite et la région du Niari-Kouilou revenaient à la France.

Ce partage ne mettait pas pour autant un terme à la course. Les nations européennes luttaient au coude à coude pour prendre le plus de positions possible dans les régions de l'est et du nord. Un peu partout se croisaient explorateurs allemands, anglais, italiens, belges, portugais et français.

Le commissaire général était pressé de reprendre le chemin du haut Ogooué et de l'Alima. Charles de Chavannes s'installa à Brazzaville, en qualité de commandant de la région. Il avait aussi pour mission d'aider à la réussite de l'exploration d'Albert Dolisie dans les cours inférieurs de la Likouala, de la Sangha et de l'Oubangui, étapes décisives de l'implantation française. Noël Ballay, lui, se rendit à Paris, emportant les documents établissant les possessions françaises du Congo. Le gouvernement allait ainsi disposer d'arguments. Une négociation internationale devait s'ouvrir le 15 novembre 1884 et sceller le sort de l'Afrique équatoriale.

Cette course, rythmée par la fondation de postes sur les rives des fleuves et rivières du Congo, dura jusqu'au 26 février 1885, date à laquelle fut signé l'Acte général de la conférence de Berlin. La date de naissance du Congo français ainsi que de l'Etat indépendant du Congo, le futur Congo belge.

Dès lors, les « territoires » livrés à la conquête disparaissaient au profit de pays ayant existence politique et régis par des lois. La poursuite de la mission de Pierre Savorgnan de Brazza n'avait plus de raison d'être. Le commissaire général fut informé le 15 juillet 1885 qu'il devait rentrer en France. La direction de la colonie ne dépendait plus de l'Instruction publique mais du ministère de la Marine. Le commandant Pradier en héritait.

L'activité du commissaire général n'avait pas été exempte de critiques. De France arrivaient des lettres lui reprochant de n'avoir pas de plan arrêté, de diriger son personnel avec imprécision. Sur place, missionnaires et administrateurs se plaignaient de ne jamais pouvoir le rencontrer. Dolisie se réjouissait que Brazza dût rentrer. Selon lui, il avait perdu sa clairvoyance et son intuition. Ballay avouait que ses ordres étaient trop « rigides » et souvent « inexécutables ». En fait, on lui reprochait d'avoir dirigé des commandos alors qu'il avait fonction de général et qu'il était supposé conduire une armée.

Certes, la paperasse ne lui convenait guère. Et quelle paperasse, déjà, dans une colonie qui n'existait pas encore ! Des dossiers, des formulaires, des courriers... Chavannes rapporta qu'il lui fallait parfois passer la nuit à rédiger jusqu'à quatre-vingts pages de lettres et de rapports. Mais le flou dont s'entourait Brazza avait aussi pour but de tromper ses adversaires, d'égarer les espions de Léopold II. Il contraignait ses agents à s'adresser à lui par messages chiffrés. Ses craintes n'étaient pas folles. A preuve, en 1886, dans sa propre maison, on lui déroba un dossier confidentiel établi par de Chavannes.

Mais les résultats étaient là, dépassant tout ce dont il avait rêvé : huit postes fondés dans le bassin du Congo, huit dans le bassin de l'Ogooué, cinq dans la vallée du Niari-Kouilou et sur la côte ; emplacement de Brazzaville désormais incontestable ; pénétration sur la Likouala, la Sangha, le cours inférieur de l'Oubangui ; tracés géographiques précis par centaines ; relevés topographiques ; routes défrichées, tracées ou reconnues ; équipes ayant partout imposé leur influence sur les peuples

Adouma, Okanda, Apingui, Okota, Bangoués, grâce au prestige et selon les méthodes de leur chef.

Pierre Savorgnan de Brazza venait d'assurer à la France un vaste empire de six cent quarante mille kilomètres carrés. Il rapportait déjà quatorze millions de francs par an. En revanche, le tribut en hommes avait été lourd : Flicotteau, Desseaux, Taburet, de Lastours et d'autres étaient morts. Malamine avait été rapatrié, complètement épuisé. Brazza lui-même était à bout de force, squelettique, couvert de boutons. Il fallut le porter dans un hamac pour lui permettre de regagner la côte.

Le 19 novembre 1885, il était de retour à Paris, deux ans et neuf mois après son départ. Au mois d'août, il avait été fait officier de la Légion d'honneur.

Il avait trente-trois ans et il écrivait : « Laissant le passé pour l'avenir, je me demande ce qui reste encore à faire... Un programme d'exploration doit absolument s'inspirer des vues et des procédés que nous avons employés, seule sauvegarde de la sécurité et du sage développement commercial du pays, seule garantie du maintien de nos moyens d'action et de l'économie dans nos budgets futures... Je considère l'Ouest africain et le bassin du Congo comme un pays dont l'avenir dépend du commerce et de la culture des indigènes, non de la colonisation par l'émigration... A part la même question d'humanité, la protection des indigènes me semble être, en ce cas, l'hygiène la plus sûre de la poule aux œufs d'or... Ce qu'il faut redouter par-dessus tout, c'est de renverser en un jour l'œuvre de dix années, car l'intervention de la force dans une œuvre préparée par la patience et la douceur peut tout perdre d'un seul coup... » Et Dolisie disait qu'il avait perdu sa clairvoyance ! Ou bien son collaborateur se trompait, ou il s'était vite rétabli. Les points qu'il soulevait dans son texte (protection des indigènes, développement commercial contrôlé, refus de la colonisation par l'émigration et l'usage de la force) étaient précisément ceux sur lesquels allait se jouer le destin du Congo. Et celui de Pierre Savorgnan de Brazza.

Accueilli avec tous les honneurs par les scientifiques, Brazza se préoccupa de ceux qu'il avait laissés derrière lui. Charles de Chavannes était rentré, Albert Dolisie s'apprêtait à le faire ainsi que Jacques de Brazza ; mais d'autres n'avaient pas cette chance, les Noirs en particulier. Il pensait à Malamine, expédié au Sénégal sans le sou, agonisant à l'hôpital de Gorée dans le plus total dénuement. Même les supplications de Brazza au gouverneur du Sénégal, pour lui faire verser les dix mille francs qui lui revenaient, restaient sans effet. Chavannes et lui se cotisèrent pour lui faire parvenir trois cents francs. A peine le malheureux avait-il touché cette aumône qu'il décédait. On ne sut jamais où sa dépouille fut enterrée. Brazza craignait que d'autres subissent le même sort, ou bien, qu'ils perdent confiance et ruinent l'édifice patiemment bâti en malmenant les populations.

On ne l'écoutait pas. L'expédition du Tonkin avait entraîné la chute du gouvernement Jules Ferry, son meilleur soutien. Gordon Pacha, général britannique devenu gouverneur général du Soudan, avait payé de sa vie la prise de Karthoum. Victor Hugo venait de mourir. Boulanger, surnommé « général la Revanche », entamait une campagne antiparlementariste braillarde... Il y a toujours dans la vie politique des « événements d'une extrême gravité » qui empêchent les gouvernants d'écouter les hommes d'avenir. Brazza savait qu'il n'obtiendrait rien tant qu'il n'aurait pas imposé ses idées. A présent, il connaissait « le chemin ». Inutile d'attendre un geste des ministères, où l'on était convenu de le mettre en disponibilité, où certains songeaient à lui accorder un « congé définitif ». C'était à l'opinion publique qu'il allait s'adresser.

Le 21 janvier 1886, au Cirque d'Hiver, devant cinq mille personnes, il donna une grande conférence présidée par Ferdinand de Lesseps. Ses ennemis, il les connaissait : commerçants, affairistes, « frères de la côte » des bureaux parisiens avides de se ruer sur le Congo libéré de toute protection.

— Que le haut commerce prenne garde, s'écria-t-il du haut de la tribune, de vouloir mettre trop vite en coupe réglée une possession qu'à vrai dire nous connaissons encore insuffisamment et dont les indigènes ne sont pas initiés à ce que nous voulons d'eux... L'Afrique est assez grande pour qu'il y ait de la place pour tous les intérêts, pour tous les dévouements et pour tous les devoirs.

Ce fut un triomphe. Ferdinand de Lesseps, qui pressait le gouvernement de le renvoyer au plus vite au Congo, dira à Chavannes : « Soutenu comme il l'est, par l'opinion, il peut aller de l'avant. On ne lui refusera rien. »

Le 17 avril 1886, un décret lui donnait en charge la nouvelle colonie et le nommait commissaire général. Toutes les conditions posées par Brazza avait été acceptées, peu ou prou. D'abord, il n'était pas gouverneur et ne resterait donc pas à Brazzaville à croupir sous des tonnes de paperasses. Il ne dépendait que du ministère des Affaires étrangères. Une séparation admi-

nistrative entre le Gabon et le Congo serait décidée. Son budget n'était pas fractionné en chapitres.

Les affairistes pouvaient le maudire. Dans les salles lambrissées de la République, comme dans la forêt, Brazza s'était montré le plus fort, une fois de plus. Le ministre Albert Hanotaux, qui le côtoyait alors, était impressionné par la détermination de l'individu. « Je le vois encore, écrivit-il, entrant en coup de vent dans mon bureau des protectorats du ministère des Affaires étrangères alors que notre programme africain était mis en chantier. Maigre et hirsute, le dos voûté, la barbe inculte, les yeux infini-

ment doux, il apparaissait dans notre sceptique Paris comme un prophète du désert. Il était, sous ses apparences délicates, l'homme de la précision, de l'énergie et de la persévérance inlassable... Quand il mettait le doigt sur la carte, vierge de noms, et qu'il disait : “ Il faut aller là ! ” l'exécution, dans sa bouche, paraissait si simple, qu'on eût dit qu'il n'y avait qu'à le suivre pour toucher le but... La porte refermée, vous vous disiez, dans l'angoisse : “ Reviendra-t-il ? ” Et après des années d'attente et d'espoir désespérés, il entrait, sans bruit, timide, modeste, disant : “ J'en reviens. ” » Et poursuivant son portrait, Hanotaux traduisait ainsi l'aspiration de son interlocuteur : « Brazza disait : “ Dépêchons-nous ! Nos concurrents partent de la côte pour atteindre le centre. Ils agissent dans trois directions. Il faut les surprendre par trois missions : une expédition vers l'est pour couper l'Allemagne du Cameroun, une vers le Tchad, pour nous relier aux établissements français de l'Afrique du Nord, une vers le Nil, pour constituer en terre française la plaque tournante de l'Afrique. ” » Preuve, s'il en était encore besoin, qu'il n'entendait pas s'endormir dans un moelleux fauteuil de gouverneur et que le désir de conquête l'habitait toujours, comme aux plus beaux jours de sa lutte avec Stanley.

Mais qu'était devenu Stanley ? On l'avait aperçu à la conférence de Berlin. Son influence avait été nulle. Lorsque les accords entre les nations avaient été conclus, Stanley s'était étonné de ne pas être investi par le roi Léopold d'une nouvelle mission. Il devait apprendre, plus tard, la raison de sa mise à l'écart : contre la reconnaissance de l'Etat indépendant, la France avait exigé du souverain belge qu'il ne renvoie plus le « flibustier » en Afrique. Une vengeance mesquine de bureaucrates. Brazza n'y était pour rien.

En ce milieu d'année 1886, il n'était plus question d'expéditions et de raids, mais de la consolidation d'une colonie. Il fallait traiter avec des commerçants, plus frileux et médiocres les uns que les autres et se battre pour la création d'une liaison maritime régulière. Le Havre et Marseille se chamaillaient à ce sujet. Epuisant.

En juin, Noël Ballay accepta enfin d'être nommé lieutenant-gouverneur du Gabon. Il avait longtemps résisté, les reproches qu'il adressait à Brazza s'étaient transformés en désaccords. Bientôt d'ailleurs, le fossé se creuserait entre les deux hommes et Ballay finirait par quitter son poste. En août, Charles de Chavannes devint par décret résident du Congo français et délégué du commissaire général pour l'ensemble des territoires composant la colonie nouvellement créée.

Brazza expédia le plus vite possible sur le terrain des hommes en qui il avait toute confiance mais ne put les rejoindre qu'en 1887. Le 5 mars, il était de nouveau à Libreville... pour constater les dégâts. Non seulement son budget allait être sérieusement amputé, mais le Congo était en bien mauvais état. Rivalités personnelles, ambitions dévorantes, violences, effritement de l'équilibre tribal... « Des gens maltraités, abandonnés, morts, tués, mal payés en retour... écrivait-il à Chavannes après sa traversée de la région du Niari-Kouilou. Il va falloir recommencer pas à pas, mais, par Dieu, j'en ai assez des gens qui se figurent que les cailles tombent rôties du ciel et qui sont étonnés si elles ne sont pas bardées de lard. » Dans sa rage, le commissaire s'attaquait à tous ceux qui s'opposaient à lui : compagnies de navigation, commerçants de la colonie, traitants, explorateurs trop enclins à l'escarmouche. Tous avaient de gros appuis à Paris.

Durant près de six mois, dans les journaux, ce fut une avalanche d'articles contre Brazza. On commençait à parler de « l'incapacité financière du commissaire général ». Au même moment, une dépêche lui annonçait que son frère Jacques venait de mourir de scarlatine, en Italie. Lui-même faillit trépasser. La fièvre bilieuse hématurique le contraignit à un repos forcé. Satisfaction tout de même : une convention internationale, signée en avril 1887 entérinait les efforts accomplis sur le terrain en interdisant à l'Etat indépendant du Congo de prendre pied sur la rive droite de l'Oubangui.

Le 18 janvier 1888, Brazza prit le bateau à Libreville et arriva à Paris en février. Il se rendit à Rome, à Solesciano, à Brazzaco. Quand il revint à Paris, ce fut pour rencontrer l'impuissance des uns et essuyer les refus des autres. Les journaux qui savaient « dévoiler » son incapacité à diriger la colonie titraient à présent :

« Que fait Brazza à Paris ? » Lassé, il écrivit une lettre de démission, mais ne l'envoya jamais.

Peut-être cherchait-il une solution en adhérant à la franc-maçonnerie, dans la loge « Alsace-Lorraine », relevant du Grand Orient de France. Il y siégeait en bonne compagnie : Jules Ferry, le sculpteur de la « Liberté » Frédéric-Auguste Bartholdi, l'écrivain Alexandre Chatrian, les banquiers Goudchaux, et Joseph Joffre qui n'était encore que capitaine du génie.

La visite de Chavannes, en octobre, lui redonna de l'espoir. Si l'Angleterre, l'Allemagne et la Belgique lançaient des opérations en direction du Tchad et du haut Nil, comme il l'avait prévu, ses propres troupes ne manquaient pas d'initiative. Paul Crampel avait foncé sur le nord du Cameroun. En août, il avait atteint le confluent de l'Ivindo et de la Liboumi, puis il était passé du bassin de l'Ogooué à celui du Congo pour explorer un affluent de la Sangha. Attaqué par une tribu, blessé, il s'était replié... Ces récits redonnaient vie à Brazza. A quoi bon rester à Paris où on ne l'écoutait pas ?

En mai 1889, il regagna Libreville, mais n'eut pas le temps de reprendre en main sa colonie. Il lui fallait rentrer au plus vite. A Paris, ses détracteurs avaient trouvé une nouvelle vigueur. Le scandale de Panama venait d'éclater.

Boulanger continuait de faire sonner la cloche de la démagogie. Allemands et Anglais se partageaient l'Afrique orientale. Dans cette confusion, Brazza aurait été laminé si quelques hommes ne s'étaient pas décidés à l'écouter et à le soutenir, en palliant la carence gouvernementale.

En novembre 1890, à l'initiative du journaliste Harry Alis, le Comité de l'Afrique française, présidé par le prince d'Arenberg, vit le jour. Coloniaux, politiques et industriels s'y côtoyaient : l'explorateur Louis Binger, l'économiste Paul Leroy-Beaulieu, le politique Felix Faure, les frères Pereire et leur banque... Cette association décida de financer la plupart des projets de Pierre Savorgnan de Brazza, en particulier la liaison ferroviaire entre Brazzaville et la côte.

Là-bas, les subordonnés du commissaire général n'étaient pas restés inactifs. Cholet, puis Gaillard avaient reconnu la Sangha. Alfred Fourneau était parvenu sur le haut Campo. Albert Dolisie avait créé le poste de Bangui, sur l'Oubangui. Léon Jacob avait reconnu le tracé éventuel de la ligne de chemin de fer Brazzaville-Loango... Brazza n'avait qu'une hâte : retourner en Afrique.

Dans les premiers jours de juin 1890, il se rendit à Libreville pour administrer la colonie naissante, en l'absence du résident. Mais la paperasse l'étouffait. Quand Chavannes rentra, un an plus tard, Brazza lui remit les comptes ... avec un trou de 1 400 000 francs ! Mieux valait que Brazza fût sur les vapeurs et les pirogues que dans son bureau. Les erreurs qu'il y commettait étaient moins dangereuses ! En Europe, ses ennemis devenus très puissants attendaient le faux pas pour déclencher la curée.

L'heure n'était pas encore venue. Paul Crampel était sur l'Oubangui pour tenter d'établir une ligne française entre le Congo, le Soudan et l'Algérie. Il allait être massacré à El-Kouti. Louis Mizon, du Niger, s'apprêtait à regagner la Sangha après un immense périple qui l'avait mené dans la haute Bénoué et l'Adamaoua. Quant à Albert Fourneau il avait failli perdre la vie dans le Nord.

Brazza repartit sur la Sangha. Une ligne de postes avancés, du nord au sud, le long de cet affluent du Congo, barrerait la route aux Allemands qui, du Cameroun, poussaient à l'est. Il fallait aussi stopper les Belges sur le cours nord-est-sud-ouest de l'Oubangui. Ainsi, les routes du Tchad et du Nil seraient ouvertes. Financièrement, Brazza ne s'embarrassait pas. Non seulement il tirait des traites sur la maison Conza à Paris, fournisseur attitré de ses expéditions, mais dans les factoreries où il s'approvisionnait, il remettait des papiers portant la mention : « Par ordre du commissaire général. » Une pratique légalement plus que douteuse.

De 1891 à 1895, les expéditions allaient se succéder, se développer, pousser toujours plus loin à l'est la suprématie française. Ici faisaient leurs classes les Liotard, Gentil et Lamy, qui trouvèrent plus tard la célébrité. Les succès étaient là, mais beaucoup y avaient laissé la vie. Brazza faillit connaître le même sort lorsque son bateau se brisa contre des rochers sur la Sangha. Il nagea et fut recueilli à bout de force avant d'être ramené à Libreville au début de l'année 1895. Cette fois, il ne pouvait plus espérer un prompt rétablissement, les poumons étaient atteints. Il lui fallait rejoindre l'Algérie, pour se réacclimater doucement, puis Paris.

La situation politique avait une nouvelle fois changé durant son absence. L'amiral Montaignac, son premier soutien, était mort. La France et la Russie avaient signé un accord modifiant les rapports de forces en Europe. Le président Carnot avait été assassiné par l'anarchiste Caserio. Jules Ferry avait été nommé président du Sénat en 1892. On avait conquis le Dahomey, pris Tombouctou, envoyé une expédition à Madagascar et créé un nouveau ministère des Colonies. Une convention avait été signée avec L'Allemagne, une autre avec la Belgique qui fixait définitivement la superficie du futur Congo belge. Quant à l'Angleterre, elle entendait surtout préserver sa route du Cap au Caire. Tout allait très vite. Dans les salons et les antichambres des ministères, on ne parlait plus de Pierre Savorgnan de Brazza, nouvellement promu au grade de commandeur de la Légion d'honneur, mais l'on causait beaucoup du Congo. Déjà, une compagnie de commerce avait été autorisée à exploiter un domaine de plus de dix millions d'hectares dans le haut Ogooué. C'était insuffisant. On s'impatientait. A l'altruisme français, on opposait l'âpreté belge. Quand allait-on enfin profiter des fruits du Congo ? La concurrence était jugulée, les voies de pénétration tracées, les populations pacifiées... « Assez d'expansion coloniale, criait-on, songeons à profiter de ce que nous possédons. » Qu'attendait-on ? Rien, sinon que le « verrou » Brazza sautât.

L'espace de quelques mois, Brazza desserra le carcan autour de lui. Le temps d'une lune de miel et d'un voyage de noces. Le 12 août 1895, il épousa Thérèse de Chambrun, dans l'intimité familiale. Elle avait trente ans, lui quarante-trois. Il entrait ainsi dans l'une des plus honorables familles de France, qui lui apportait, outre l'amour et la tendresse, de puissantes relations et de gros moyens financiers. Il avait grand besoin des uns et des autres, car il refusait de baisser les bras et entendait bien poursuivre son action, dès son retour à Libreville, en décembre.

Pour aider Liotard qui fonçait sur le Nil et Emile Gentil qui conquérait le Tchad, il voulait davantage de moyens. Mais cette fois, rien n'y fit, pas même sa nouvelle famille : non seulement on diminua ses effectifs, mais son budget 1896 ne fut pas approuvé par le ministre. Il y avait longtemps qu'il avait cessé de plaire en haut lieu. C'était la première fois qu'on le lui disait et que son œuvre en subissait les conséquences.

Le 26 février 1896, Guiyesse, le nouveau ministre des Colonies informait le commissaire général qu'une mission avait été confiée au capitaine Jean-Baptiste Marchand pour contrer les Anglais sur le Nil. Brazza en fut interloqué. Cette marche, il la réclamait depuis trois ans et on la lui avait refusée. Maintenant que les Anglais avaient compris l'importance du Bahr el-Ghazal et de Fachoda, on envoyait Marchand. Trop tard ! D'ailleurs, les flegmatiques rivaux ne s'y trompaient pas. Dans un grand journal britannique, on pouvait lire : « Nous sommes certains que les Français atteindront le Nil et peut-être Fachoda. Nous n'avons aucune inquiétude à avoir. Jamais nos voisins n'ont su profiter de ce que le courage et la valeur de leurs explorateurs leur apportent. Courage, abnégation, aucune des qualités de caractère qui fondent les empires n'a manqué chez ceux qui ont servi la France. Ce qui a manqué, c'est l'appui méthodique, total et suivi du gouvernement, sans quoi les conquêtes individuelles, en des temps où seule la nation est forte, sont destinées à rester seulement des actions glorieuses. » L'auteur aurait pu ajouter que ces hommes glorieux dormaient dans la boue, mangeaient mal et peu, étaient torturés par la vermine, minés par les parasites et les fièvres paludéennes, réduits à ramper par la furonculose, écrasés par la routine, traités de voleurs par les métropolitains, pressés jusqu'à ce qu'ils aient rendu toute leur sève et jetés comme des malpropres avec une retraite minable. Le tableau aurait été complet. La liste était longue de ceux qui s'étiolaient dans une guérite miteuse de gardien de musée de province des suites d'une maladie contractée en Afrique.

Brazza tenta néanmoins de faire son devoir. Le crédit alloué à la mission Marchand était de 600 000 francs. Le commissaire général avait ordre de ne pas dépasser ce budget, mais en même temps on exigeait de lui qu'il « subordonne tout » à la réussite de l'expédition. Ce n'était pas le premier piège bureaucratique disposé sur son chemin, mais ce fut celui dans lequel il tomba. Essaya-t-il seulement de l'éviter ? En avait-il envie ?

Le 8 mars 1897, il télégraphia à Paris pour indiquer que le découvert du compte de la mission Marchand s'élevait à 1 400 000 francs et qu'il pensait qu'il dépasserait les deux millions (en fait il sera d'un peu plus d'un million). Le bilan de la colonie accusait en tout cas un énorme déficit : 2 250 000 francs sur un budget de 3 700 000.

C'était le faux pas attendu. Et ce fut la curée. « Incapacité ! »... « Gaspillage ! »... « Incurie ! »... Rien ne lui fut épargné. Le ministre pria le commissaire général de rentrer s'expliquer à Paris. Il était de toute façon sur le point de le faire, supplié par son médecin qui ne savait plus comment endiguer une infection bilieuse hématurique compliquée de fièvre paludéenne.

Expliquer ? Brazza pouvait tout expliquer et faire le compte de ce qu'il avait lui-même dépensé aussi. Mais était-ce encore le temps des controverses, des appels à l'opinion publique, des conférences ? Non. On cherchait une victime, il était tout désigné. Aux commerçants avides s'étaient joints les militaires soucieux de laver l'honneur de l'armée sali par l'affaire Dreyfus. Une des rares voix à s'élever pour le défendre fut celle de son ancien compagnon de l'Ecole navale, Pierre Loti, qui parla du « héros de la France ingrate ». En octobre 1897, un commissaire général par intérim fut nommé. L'hallali commençait.

Un jour de janvier 1898, alors qu'il résidait à Alger, Brazza apprit en lisant le journal qu'il était mis fin à sa mission. Quelques jours plus tard, une dépêche datée du 14 janvier 1898 lui parvint :

« Monsieur le commissaire général,

J'ai l'honneur de vous informer que, par arrêté en date du 12 janvier 1898, je vous ai placé dans la situation de disponibilité avec traitement, à compter du 13 janvier 1898, date à laquelle prendra fin le congé de convalescence dont vous êtes titulaire.

Le ministre des Colonies

Signé : André Lebon. »

Pierre Savorgnan de Brazza n'était plus qu'un simple lieutenant de vaisseau sans affectation. Il resta muet. Si rancœur il y eut, jamais il ne l'exprima.

5.

Après cinq ans de silence, il part en guerre contre les affairistes...

Ce fut Alger qui accueillit Pierre Savorgnan de Brazza. Il aimait beaucoup la maison, Dar es-Sangha, qu'il s'était fait construire sur les hauteurs. Il était prêt à y mener une nouvelle existence. On le voyait aussi à Rome chez les siens, en Lozère dans la famille de son épouse, Thérèse. Il prenait de l'embonpoint, ses cheveux blanchissaient, les maladies contractées en Afrique l'affaiblissaient souvent, mais, à quarante-sept ans, il restait vaillant.

Durant cinq ans, il ne fit aucune déclaration publique concernant le Congo. Il ne se désintéressait pas du sort de la colonie, tous ceux qui le visitaient à Alger remarquaient sur la table du bureau la carte dépliée, annotée, griffonnée. En juillet 1898, il était allé accueillir Emile Gentil, de retour du Tchad. En octobre, il saluait Liotard. Il semblait heureux de le faire.

Le 25 janvier 1899, sa course le conduisit à Orléans, pour une tâche plus pénible. Albert Dolisie se mourait d'une congestion pulmonaire. Six mois auparavant, Alfred Marche s'était éteint. Bientôt, il apprendrait le décès de sa sœur Marianne, puis celui de Noël Ballay, son compagnon de la première heure, avec qui il était réconcilié.

Mais le jour où Dolisie ferma les yeux, naquit le petit Jacques, premier fils de Pierre Savorgnan de Brazza. Antoine, le second, vit le jour en 1901. Cette année-là, Lebon, l'ancien ministre des Colonies, publia un livre où il attaquait sévèrement Brazza sur sa gestion du Congo. Brazza répliqua par une longue mise au point, adressée au ministre de la Marine dont il dépendait. Il justifiait son action, balayait les attaques de Lebon... et demandait sa mise à la retraite. Il avait quarante-neuf ans.

Elle lui fut accordée et le Parlement, grâce aux interventions de Le Myre de Villiers, d'Eugène Etienne et de Waldeck-Rousseau, président du Conseil, lui octroya, à titre de récompense nationale, une pension de dix mille francs. Un honneur qui n'avait pas été accordé depuis Pasteur en 1874.

Un troisième fils allait naître, prénommé Charles, puis une fille, Marthe, en 1903. Les

Brazza s'étaient fabriqué une nouvelle vie, un autre bonheur. Un bonheur lacéré en décembre 1903 par la mort de leur premier enfant, Jacques, terrassé en quelques heures par une crise d'appendicite, après un mauvais diagnostic. Malgré tout la vie continuait. Pierre Savorgnan de Brazza imaginait parfaitement terminer ainsi ses jours, parmi les siens, à Alger, à Rome, à Brazzaco, en Lozère. Il pensa même faire une petite carrière politique, mais il abandonna très vite. Il vivait du sentiment du devoir accompli.

En 1904, alors que les affaires religieuses déchiraient la France, le ministre de la Guerre déclencha le « scandale des fiches ». Il s'agissait de contrôler les opinions et les activités politiques ou religieuses des officiers. Révolté par cette atteinte aux libertés individuelles cachée derrière un anticléricalisme de façade, Brazza démissionna aussitôt de la franc-maçonnerie à laquelle il avait adhéré en 1898. Il mettait ainsi un terme à une appartenance qui choquait depuis son alliance avec l'honorable famille de Chambrun.

Il s'occupait encore des questions coloniales, surtout en s'efforçant de conseiller les personnalités influentes de l'Etat : Casimir Perier, Félix Faure et Emile Loubet, successivement présidents de la République de 1894 à 1899. Le Congo avait été toute sa vie, il ne reniait rien. Il avait fait ce qu'il avait à faire. Sa « mission », celle qu'il portait en lui et non celle qu'on lui avait confiée dans un quelconque ministère, il l'avait accomplie. Il était en paix.

Et puis, un jour, sa belle villa accueillit deux missionnaires, la boue de l'Oubangui tachait le bas de leurs robes. Ils étaient porteurs d'un message de Mgr Augouard. L'évêque lui disait que le Congo pliait sous le joug des marchands, que la vie humaine n'avait plus de valeur, que la mort était une punition banale, la torture un moyen ordinaire, le saccage une méthode d'exploitation systématique.

Lorsqu'ils quittèrent la villa, le « fonctionnaire intègre » avait perdu la paix de l'esprit.

Comment en était-on arrivé là ? Brazza avait toujours prêché pour une exploitation intelligente et mesurée de la colonie. Il refusait l'idée d'une émigration massive. La prospérité devait venir de l'intérieur, il suffisait de lui donner de l'élan. Pour lui, le respect des populations noires était une nécessité économique autant qu'humaine. Une œuvre d'une telle ampleur ne pouvait être accomplie que par l'Etat. Mais quel gouvernement aurait été assez courageux — ou assez fou — pour dire à des électeurs que leurs impôts allaient être dépensés pour ne pas léser des « nègres » ? D'autant que l'exemple du futur Congo belge prouvait qu'il y avait fortune à faire pour qui n'était pas étouffé par les principes. Qui allait s'occuper de « notre » colonie ? La puissance publique fuyait ses responsabilités. Alors, en 1899, on avait fini par diviser le pays en quarante parties, quarante concessions cédées à des compagnies commerciales en mesure de pallier financièrement les carences de l'Etat. Des conditions nombreuses avaient été mises à l'octroi des concessions, en particulier l'obligation de délimiter des parcelles réservées aux tribus. Aucun moyen de contrôle véritable n'avait été prévu. Le Congo avait été livré pieds et poings liés aux marchands. Des années durant, Brazza lutta contre cette menace. Les bureaucrates avaient ouvert la boîte de Pandore au cœur de la forêt vierge.

Sur le terrain, les nouveaux maîtres déchantaient. Rien ne se passait comme prévu. Les matières premières ne leur obéissaient pas. L'ivoire ne se ramassait pas comme des choux, les bois nobles étaient difficiles à acheminer, les hévéas devaient vieillir sept ans avant de produire du latex. Et la main-d'œuvre ! Ils s'attendaient à ce qu'elle fût servile, docile, nombreuse, facile. Ils se retrouvaient confrontés à des tribus organisées, à des hommes respectueux de coutumes, habitués depuis des millénaires à la chasse, la cueillette, la culture sur brûlis, réfractaires au travail quotidien, harassant et peu gratifiant. Une catastrophe. Deux solutions s'offraient à eux : partir ou employer des moyens extrêmes. Ils choisirent la seconde solution et ce fut le drame du Congo.

Plutôt que de saigner les arbres et de replanter, ils coupaient, massacraient. La forêt était saccagée, défigurée. Les hommes étaient expropriés et contraints aux travaux forcés. Ceux qui refusaient étaient battus, torturés. Ceux qui se rebellaient, on les tuait. Pour éviter qu'ils se sauvent, on ouvrait des camps où s'entassaient femmes et enfants affamés, pendant que les pères et les maris crevaient à la tâche pour payer leur tribut : « l'impôt indigène ». On voyait de nouveau les fouets, les jougs, les chaînes. Le servage qu'avait si férocement combattu Brazza était de retour. Sous le drapeau tricolore avançaient à présent des esclavagistes.

Oui, Brazza avait perdu la paix de l'esprit en écoutant les missionnaires, car ce n'était pas seulement son œuvre qu'on détruisait, c'était sa vie qu'on foulait aux pieds.

Il ne fallut que quelques années aux gouvernants pour se rendre compte de l'erreur qu'ils avaient commise. Et s'en mordre les doigts. Le silence s'abattit sur le Congo, puis lentement le voile se leva. La presse commença à publier des témoignages et les notes confidentielles de sociétés concessionnaires. On y lut que, sous couvert de légitime défense, les agents étaient libres de torturer, de battre, de massacrer à la mitrailleuse. On apprit qu'à Bangui, soixante-six femmes et enfants otages avaient été enfermés dans une case sans ouverture, pour contraindre les pères au travail. Une seule femme avait survécu, ainsi qu'un bébé qu'elle avait recueilli, le sien étant mort asphyxié.

L'horreur et la honte submergèrent le pays lorsque furent connues les monstruosités commises par deux fonctionnaires de Fort-Crampel, au nord de Bangui, à près de deux mille kilomètres de la côte. L'un était administrateur, il s'appelait Georges Toqué. L'autre était commis aux Affaires indigènes et se nommait Fernand Gaud. Ce dernier, le jour du 14 juillet, avait réduit en miettes un Noir, après avoir fait exploser la cartouche de dynamite qu'il lui avait introduite dans l'anus. A Toqué, qui s'étonnait du procédé, il répondait : « Ça a l'air idiot, mais ça médusera les indigènes ; si après ça ils ne se tiennent pas tranquilles... ! Le feu du ciel est tombé sur le Noir qui n'avait pas voulu faire amitié avec les Blancs. » L'un et l'autre étaient des familiers de la méthode forte. On battait à la chicote et l'on en faisait un art : faire jaillir le sang au dernier coup. On fusillait. On torturait. Ils s'appuyaient sur l'ignoble code Thomasset qui autorisait un chef de poste à infliger la chicote, l'amende, la barre de justice, la prison ; et un commandant à décider de la déportation... et de la mort.

Cette fois, le gouvernement ne risquait plus de tomber pour s'être trop occupé de la colonie, il allait s'effondrer de l'avoir livrée aux brutes. Il fallait réagir, et vite. Il fallait une mission d'inspection, immédiate. Il fallait un homme qui la conduise, indiscutable : Pierre Savorgnan de Brazza.

Lorsque le président de la République Emile Loubet et le ministre des Colonies, Clémentel, s'adressèrent à lui, Brazza accepta sur le champ. Peut-être pensa-t-il qu'il serait vraiment seul cette fois au Congo. A soixante-trois ans, son éternel concurrent, le très respecté sir Henry Morton, appelé autrefois John Rowlands dit Stanley, venait de mourir d'une pleurésie à Richmond Terrace.

A peine Brazza fut-il investi de sa nouvelle mission que les politiciens regrettèrent leur acte. Avait-on oublié de quel bois il était fait ? Il demanda qu'on lui transmette les rapports contenant les plaintes des indigènes. Il ne les obtint jamais. En revanche, il apprit qu'une mission parallèle devait partir et dut menacer pour qu'elle soit annulée. On s'empressa de limiter la sienne à six mois, voyages compris. Il n'en restait que quatre consacrés à l'inspection. A Brazzaville, où l'élève Emile Gentil était devenu le maître, toutes les assurances avaient été données : on saurait limiter les conséquences de la mission d'inspection. Informés de l'hostilité absolue des concessionnaires, des amis tentèrent de dissuader Brazza. Cette fois, les risques étaient sérieux, on craignait pour sa vie. L'ancien commissaire général resta sourd à ces conseils. Son devoir était d'aller là-bas.

D'un certain point de vue, pour le gouvernement, ce départ était le bienvenu, quand bien même il comportait des risques. La France se déchirait : querelles scolaires, séparation de l'Eglise et de l'Etat, alliance franco-russe, entente cordiale avec l'Allemagne. Encore une fois la question coloniale détournait l'attention de l'opinion bouleversée par l'agitation intérieure. Quand la France avait besoin d'un héros pour retrouver sa bonne conscience, Pierre Savorgnan de Brazza ne manquait jamais à l'appel.

Le 5 avril 1905, la mission quitta Marseille. Outre Brazza et son épouse, Hoarau-Desruisseaux y participait en qualité d'inspecteur général des colonies, secondé par Saurin et Loisy. Un jeune journaliste nommé Félicien Challaye servait de secrétaire à Brazza. C'est à lui que l'on doit de connaître le détail de la mission.

Le 29 avril, ils débarquèrent à Libreville. Pierre Savorgnan de Brazza était de retour, après sept ans d'absence !

Lors de la remontée de l'Ogooué, partout on l'acclama. Le « père des esclaves » revivait... L'inquiétude succéda cependant vite à la joie. Les palabres lui révélèrent des irrégularités, des signes d'exploitation abusive. Rien de dramatique toutefois. Finalement, Brazza confia à Hoarau-Desruisseaux la suite de l'enquête au Gabon et partit pour Brazzaville qu'il atteignit le 16 mai.

L'accueil fut froid. Il aurait même été inexistant si Mgr Augouard et ses missionnaires n'avaient tenu à recevoir dignement le conquérant du Congo. Emile Gentil ne se déplaça pas, ne délégua personne. « M. de Brazza allait comme une âme en peine, écrivit l'évêque des anthropophages, et semblait très étonné de ne voir aucun fonctionnaire de la rive belge comme de la rive française. » Quelle naïveté, encore, après trente années de lutte contre la mesquinerie, l'étroitesse d'esprit et l'avidité. Chez lui, l'honnêteté empiétait parfois sur la lucidité.

Les « fonctionnaires » offrirent tout de même un dîner en son honneur, mais ce fut pour lui dire qu'il était inconvenant d'enquêter sur ses confrères. Brazza répliqua mollement. Il était ailleurs, sur le Congo, l'Oubangui. Il avait la conviction de pouvoir faire œuvre utile. Pourtant, les dés étaient truqués, dès le départ. Brazza avait inspecté une usine de traitement de caoutchouc à Brazzaville et était intervenu pour que le labeur des indigènes soit allégé. A peine était-il parti que le ministre des Colonies télégraphiait pour que soit maintenu « le régime antérieur à l'arrivée de Brazza ».

Le 29 mai, il quitta Brazzaville pour l'immense Oubangui : plus de deux mille kilomètres. Le voyage vers « l'horreur », celle décrite et imaginée par l'écrivain Joseph Conrad, dans son livre *Au cœur des ténèbres*, inspiré d'un bref séjour au Congo, en 1890. Sept ans avant la révocation de Brazza, la forêt gémissait déjà sous la botte des fonctionnaires pourris. Ils n'avaient pas encore gagné, mais celui que le romancier avait côtoyé sévissait assez pour lui inspirer un immense dégoût : « ... Méphistophélès de papier mâché. Il me semblait que si je voulais je pourrais le crever de l'index, et que je ne trouverais dedans qu'un peu de saleté sans consistance, peut-être. »

Assis sur le pont de fer du *Binger*, son épouse à ses côtés, Pierre Savorgnan de Brazza remonta le Congo. « C'était comme voyager en arrière vers les premiers commencements du monde... » Et tirer le fil de sa propre existence. Que reconnut-il, l'explorateur vieilli ? Tout.

Les rives, les arbres, les plaines herbeuses, les marais, les hommes et même le Makoko qui lui fit bon accueil. Tout... et rien. Car pour la première fois, il avait le temps de contempler les résultats de « son œuvre ». Et ils ne ressemblaient en rien à ses projets. Encore moins à ses rêves !

A mesure qu'il s'enfonçait à l'intérieur du continent, le drame s'incarnait sous ses yeux. Il voyait des colonies de Noirs enrégimentés, sous-payés, dupés, brutalisés par les contremaîtres des exploitations de lianes à latex. Il voyait des malades renvoyés, sans un sou, s'en aller mourir, plus loin. Il voyait des Blancs pitoya-

bles, méfiants, isolés, méprisants et cupides, « des fonctionnaires usés physiquement ou cérébralement ». Il voyait les caravanes de porteurs peinant sous des charges de trente kilos, pataugeant dans la boue, décimées par les épidémies de variole. Des hommes qui trimaient comme des bêtes, à des centaines de kilomètres de leur pays, ne pouvant espérer en guise de salaire que quelques mètres de tissu et une bouteille de mauvaise eau-de-vie brute. Il se souvenait peut-être d'avoir écrit à Charles de Chavannes, en 1888 : « Préparez les indigènes à faire un travail de longue haleine hors de leur pays ; c'est là l'avenir. » Complicité ? Certainement pas. Aveuglement ? Sûrement. Comme Kurtz, le héros du roman de Conrad, Brazza devait marmonner : « J'avais des plans immenses », « J'étais au seuil de grandes choses », « Et maintenant à cause de cette stupide canaille... »

La lente remontée se poursuivait. Sur les rives, toute vie semblait avoir disparu. Là où il avait rencontré des tribus prospères, il ne trouvait plus que des villages en ruine, quelques postes, une mission. Parfois, il apercevait des hommes en fuite, après des révoltes au cours desquelles les gardiens des exploitations avaient été massacrés. Brazza était déjà loin sur l'Oubangui, plus loin qu'il n'était jamais allé. Les fièvres l'avaient repris, la dysenterie le minait. Thérèse souffrait elle aussi, épuisée. Alors, pourquoi poursuivait-il sa route ? Il voulait voir ? Il avait vu, plus qu'il n'en fallait pour rédiger un rapport accablant. Non, Brazza allait au bout de lui-même, il buvait la coupe jusqu'à la lie. La breuvage allait être plus amer encore qu'il ne l'imaginait.

Ils n'abordèrent des régions peuplées qu'aux environs de Bangui, à plus de mille cinq cents kilomètres de la côte. Quittant le fleuve, ils s'engagèrent à travers la brousse en direction du Chari. Une avance pénible et lente, car la dysenterie affaiblissait Brazza. Il ne pouvait plus compter sur son extraordinaire force de caractère pour le pousser en avant. La détresse morale le minait aussi sûrement que la maladie. Il ne parvenait plus à empêcher les vols dans le campement, ni même à imposer son autorité aux tirailleurs.

Un jour pourtant, le père des esclaves se dressa, devant un cadavre abandonné sur le bord de la piste, « un porteur mort sous le harnois, avait écrit Conrad, reposant dans l'herbe haute près du chemin, avec une gourde à eau vide et son long bâton allongé à ses côtés. Un grand silence alentour et au-dessus ». Tout le monde serait convenu de le laisser là. Pas Brazza. Il arrêta la caravane et exigea que la dépouille ait une sépulture. Un instant, un court instant, l'aura de Brazza étincela, avec assez d'intensité toutefois pour que la nouvelle de son arrivée se répandît dans la forêt.

Non loin de Fort-Crampel, à deux cents kilomètres de Bangui, un chef de poste les invita à dîner. Pour s'attirer les bonnes grâces de « l'inspecteur Brazza », leur hôte avait prévu un spectacle. Des danseurs apparurent et commencèrent leur prestation. A bout de force, Brazza n'observait la scène que d'un œil. Soudain son attention s'éveilla. Cette danse était étrange. Il se souvenait des villages de l'Ogooué, des longues attentes qu'il mettait à profit pour apprendre les langages et les coutumes... Ce que disait cette danse, c'était l'enfermement, la torture et la mort !

Brazza parla au chef indigène et exigea qu'on le mène à l'endroit où se déroulaient les scènes que les danseurs avaient mimées. Cette fois, il n'y avait pas de circulaire ministérielle pour l'empêcher d'agir. Ce fut ainsi que Brazza découvrit un camp de concentration d'otages, surveillés par des mercenaires armés. Femmes et enfants s'y entassaient et mouraient dans le plus total dénuement, tandis que les hommes crevaient sous la chicote pour payer l'impôt indigène. Là, debout face à l'ignoble, Brazza venait de faire connaissance avec « le démon flasque, faux, à l'œil faiblard, de la sottise rapace et sans pitié. »

« Horreur ! Horreur ! » criait le héros de Conrad dans son agonie. Brazza s'effondra, le corps et l'esprit se vidant de leurs substances. On l'étendit, on le ramena sur l'Oubangui et l'on quitta le cœur des ténèbres.

Sur le vapeur qui les ramenait à Brazzaville, le chef de mission ne put quitter son lit. En ville, on s'efforça de le soigner, mais son état était grave. De continuelles poussées amibiennes l'épuisaient. Il ne quittait sa couche que pour s'asseoir dans un fauteuil et recevoir les fonctionnaires.

Brazzaville vivait alors au rythme du procès de Toqué et de Gaud. Brazza ne pouvait y assister, mais il recevait chaque jour un compte rendu d'audience. La justice avait été saisie, des hommes intègres étaient intervenus. Ces brutes allaient payer. Lorsque le verdict tomba — cinq ans de prison pour chacun d'eux — Brazza reprit espoir, malgré la légèreté de la peine. Espoir vite brisé, car les coloniaux s'insurgeaient contre la sentence, trop habitués, déjà, à considérer les Noirs comme du bétail.

Pourquoi rester ? Il se sentait faiblir, les autorités lui refusaient les documents qu'il réclamait, ses rapports restaient sans réponse. Emile Gentil était rentré en France pour parer à l'avance les attaques de son ancien chef. C'était à Paris qu'il fallait aller. Et plaider.

Le 29 août 1905, Brazza quitta, debout, appuyé au bras de son épouse, la ville qui porte son nom. Il prit le train à Léopoldville, gagna Matadi et embarqua sur le *Ville de Macéio*. C'était aussi le nom du navire qui avait amené Joseph Conrad au Congo quinze ans auparavant. Dès qu'il fut à bord, Brazza s'écroula sur sa couchette. La fièvre ne le quittait plus. Il se vidait sans qu'on puisse y remédier. La descente du Congo n'en finissait pas : le Chaudron d'Enfer, les Dents du Diable, Boma, Noki,

Banane. La mer enfin... Mais Savorgnan se mourait.

Après l'escale de Libreville, il convoqua Hoarau-Desruisseaux et lui transmit ses pouvoirs.

Sur le chemin du retour, à l'escale de Conakry, en Guinée, le docteur Cureau, qui le suivait depuis le Gabon, décida de lui laisser poursuivre le voyage afin de le faire hospitaliser dans de meilleures conditions à Dakar.

Brazza se savait perdu. Il dicta des lettres, pour proposer ses collaborateurs à l'avancement. Il voulut les signer lui-même. « Trois fois, il essaie de prendre la plume, écrivit l'historien Félicien Challaye. Trois fois, sa main trop faible se refuse à cet effort. »

Le navire accosta à Dakar le 13 septembre au matin. Le soleil brillait. Quatre marins montèrent chercher Brazza pour le transporter à l'hôpital militaire. Dans sa chambre, veillé par Thérèse, son épouse, et le capitaine Mangin, il agonisait. On se pressait à son chevet. Il n'entendait plus, ne voyait plus. Le lendemain, 14 septembre 1905, vers dix-huit heures, s'éteignit Pierre Savorgnan de Brazza.

La France lui fit des obsèques nationales. Le ministre Clémentel fit son éloge, ensuite ce fut Paul Deschanel, au nom de la Chambre des députés. Tirades et grandiloquence. Puis vint Charles de Chavannes, des larmes dans les yeux. Sa voix se brisait quand il acheva son hommage : « Adieu Brazza. Adieu au nom de ceux à qui tu montras, jusqu'au bout, le chemin des grands devoirs, adieu au nom de ceux à qui tu donnas si simplement l'exemple touchant de ta vie ; adieu, Pierre, au nom de tes amis. Dors en paix et que, sur l'auréole de gloire où déjà se détache ta grande figure, vienne s'estomper, calme et douce, une image de la Bonté. »

Les rapports d'inspection de la dernière mission Brazza ne furent jamais publiés. Les fonctionnaires véreux et les marchands pouvaient eux aussi dormir en paix.

Trois ans plus tard, Thérèse de Brazza fit transporter le corps de son époux, sans tapage, à Alger, pour qu'il repose en terre africaine. Elle demanda à Charles de Chavannes de composer l'épitaphe, dont on retient un vers :

« Sa mémoire est pure de sang humain ».

ANNEXES

Chronologie

1852 : 25 janvier, naissance à Rome.

1865 : Rencontre avec le marquis de Montaignac.

1867 : Rentre à l'Ecole navale.

1870 : Quitte l'Ecole navale. Premier embarquement en mer du Nord sur la frégate la *Revanche.*

1871 : Dans l'escadre de Méditerranée, en Kabylie.

1872 : Embarquement sur la *Vénus* pour les côtes d'Afrique.

1874 : Demande de mission. Obtient sa naturalisation.

1875 : Départ de la mission de l'Ogooué le 20 août.

1876 : Sur l'Ogooué.

1877 : Sur la M'Passa, sur l'Alima.

1878 : Dans la vallée du Niari-Kouilou.

1879 : 6 janvier, retour en France, apprend le succès de l'expédition de Stanley. Nouveau départ pour le Gabon, 27 décembre.

1880 : Fondation de Franceville. Signature des traités avec le Makoko, création d'un poste, rencontre avec Stanley.

1881 : Remplacé par Louis Mizon à Franceville. Découvre la source de l'Ogooué.

1882 : Retour en France. Le 18 novembre, ratification des traités Makoko. Nommé commissaire général de la République dans l'Ouest africain.

1883 : Départ pour le Congo le 20 mars. Fondation de Brazzaville.

1884 : 10 avril, chez le Makoko. Ouverture de la conférence de Berlin le 15 novembre.

1885 : 26 février : signature de l'Acte général de la conférence de Berlin. Fin de la mission de l'Ouest africain en juillet. A Paris le 10 novembre.

1886 : 21 janvier, conférence au Cirque d'Hiver. Nommé commissaire général le 17 avril, Charles de Chavannes nommé résident au Congo, Noël Ballay nommé lieutenant-Gouverneur du Gabon.

1887 : A Libreville le 7 mars.

1888 : Retour à Paris en février. Mort de Jacques de Brazza.

1889 : Ouverture le 18 novembre de la conférence antiesclavagiste de Bruxelles.

1890 : Création du « Comité de l'Afrique française ». Signature de l'Acte général de la conférence de Bruxelles le 2 juillet. Brazza quitte la France le 8 mai pour Libreville.

1891 : Sur la haute Sangha.

1892 : Mort de Paul Crampel à El-Kouti.

1893 : Evacué malade à Brazzaville. Repart sur la haute Sangha. Naissance de la première concession sur l'Ogooué.

1895 : Retour à Paris. 18 août, mariage avec Thérèse de Chambrun. Retour en décembre à Libreville.

1896 : Mission Marchand.

1897 : Rappelé en France le 9 mars.

1998 : En janvier, mis en disponibilité,

1899 : A Alger, naissance de son fils Jacques. Mort d'Albert Dolisie, 40 concessions sont accordées au Congo. Marchand de retour de Fachoda.

1900 : Naissance de son fils Antoine.

1901 : Naissance de son fils Charles. Demande sa mise à la retraite le 6 mai (49 ans)

1902 : 26 janvier, mort de Noël Ballay. Brazza est pensionné.

1903 : Admis à la retraite. En décembre, mort de son fils Jacques, naissance de sa fille Marthe. Emile Gentil nommé commissaire général du Congo.

1904 : Mort de Stanley. Création de la mission d'inspection au Congo.

1905 : Le 29 avril à Libreville. Le 16 mai à Brazzaville. Décès à Dakar le 14 septembre.

Repères historiques

1830 : Prise d'Alger par les Français.

1835 : Naissance de Léopold II.

1841 : Naissance de Stanley.

1843 : Création de Libreville.

1853 à 1856 : Guerre de Crimée.

1862 : Prise de possession d'Obock et de Tadjoura sur la mer Rouge.

1868 : Francis Garnier, un des conquérants de l'Indochine, remonte le Mékong, puis le fleuve Rouge au Tonkin.

1869 : Inauguration du canal de Suez.

1870 : La IIIe République est proclamée le 4 septembre.

1871 : Le 22 janvier gouvernement de la Défense nationale, armistice signé le 28 janvier. Stanley retrouve Livingstone sur les bords du lac Tanganyika. 18 mars, la Commune de Paris éclate.

1873 : Mort de Livingstone en Afrique. 24 mai, Thiers mis en minorité démissionne, Mac-Mahon le remplace. 19 novembre, Francis Garnier meurt au cours de la prise d'Hanoi (Tonkin).

1874 : Le Tonkin est sous protectorat français.

1875 : Les lois constitutionnelles instituent un régime parlementaire. Brazza entame la première mission de l'Ogooué.

1876 : Léopold II, roi des Belges, fonde l'Association internationale africaine.

1877 : Stanley descend le Congo.

1879 : En France, victoire des républicains. Retour triomphal de Brazza. Départ de la seconde expédition.

1880 : Premier cabinet Jules Ferry. Fondation de Libreville. Annexion des îles de Tahiti et Société. Septembre, début du percement de l'isthme de Panama par Ferdinand de Lesseps.

1881 : Vote des lois sur la liberté de la presse et la liberté de réunion. Avril, expédition de Tunisie, sa mise sous protectorat français. Les lois scolaires : enseignement primaire obligatoire, gratuit, laïque.

1882 : 31 décembre, mort de Gambetta.

1883 : Expédition de Madagascar. Création de la colonie du Gabon. Troisième mission Brazza. Fondation de Brazzaville. Guerre avec la Chine et le Tonkin. Annam placé sous protectorat français le 23 août 1883.

1884 : La constitution déclare intangible la forme républicaine du gouvernement. 18 juin, convention préludant à la conclusion d'un traité de commerce avec l'Etat de Tombouctou.

1885 : Fin de la troisième mission Brazza. Expédition du Tonkin. Mort de Gordon Pacha devant Khartoum. Chute du ministère Jules Ferry. Mort de Victor Hugo. Ouverture de la ligne de chemin de fer entre Dakar et Saint-Louis du Sénégal.

1886 : Le Gabon est rattaché au Congo. 1886 à 1889, une crise menace le régime : le boulangisme.

1887 : Quatrième mission Brazza.

1890 : Démission de Bismarck. Création du comité de l'Afrique française. Début de la conquête du Soudan occidental.

1891-1893 : Scandale de Panama.

1892 : Conquête du Dahomey.

1893 : Accord politique entre la France et la Russie.

1894 : 24 juin, l'anarchiste Caserio assassine le président Carnot. La prise de Tombouctou complète la conquête du Soudan. Création du ministère des Colonies. Condamnation de Dreyfus.

1895 : Expédition à Madagascar.

1896-1898 : Mission Marchand. 1896 à la fin du siècle, la crise majeure de la IIIe République : l'affaire Dreyfus.

1898 : Brazza mis en disponibilité.

1898 : Samory, chef soudanais, est fait prisonnier par les Français.

1899 : Mort du président Félix Faure.

1900 : Prise d'In Salah. Rencontre à Kousseri, au Tchad, des missions Foureau-Lamy, E. Gentil et Joalland-Meynier. Mort de Samory au Gabon.

1903 : Emile Gentil est nommé commissaire général du Congo.

1904 : Mort de Stanley, devenu sir Henry Morton. Mission d'enquête dans l'Ouest africain, confiée à Brazza.

1905 : Loi de séparation de l'Eglise et de l'Etat. Mort de Brazza. Mort de Jules Verne.

1909 : Mort de Léopold II.

1910 : Création de l'Afrique-Equatoriale française (A.E.F.).

L'Ouest africain avant Brazza

Si les côtes de l'Afrique équatoriale étaient connues et fréquentées depuis des siècles, on avait peu pénétré l'intérieur des terres. En fait, l'Afrique équatoriale était quasiment inconnue. En 1470, deux navigateurs portugais avaient franchi l'équateur, l'un donnant son nom au cap Lopez, l'autre à la lagune Fernan Vaz. Quatorze ans plus tard, leur compatriote Diego Cam découvrait l'embouchure d'un fleuve appelé d'abord Zaïre, puis Congo, du nom du royaume indigène qui exerçait son contrôle sur l'estuaire du fleuve. On espérait avoir découvert... une voie maritime pour aller aux Indes ! En 1598, un explorateur signalait l'existence d'un puissant roi makoko régnant sur les rives du Congo.

Mais un autre royaume, celui de Loango, qui se serait étendu « de la côte à deux cents milles à l'intérieur des terres », était à l'origine de l'installation de la France sur la côte. Une position qui devint « officielle » après la fondation de Libreville. Quelques années plus tard, arrivaient les missionnaires de la congrégation du Saint-Esprit, suivis par les religieuses de l'Immaculée Conception. On intensifiait alors la pénétration pacifique, la conquête en tache d'huile.

En 1857, Paul Belloni du Chaillu, un Français naturalisé américain, voyageant pour le compte de l'Angleterre, découvrait le fleuve Ogooué. Cinq ans plus tard, il remontait son cours, atteignait les rapides de Samba où une tribu lui barrait la route. La même année, le lieutenant de vaisseau Serval et le docteur Griffon du Bellay gagnaient Lambaréné, village clef du moyen-Ogooué. Dès 1859, toutes les possessions françaises, de la Guinée au Gabon, furent regroupées pour former les « Etablissements français de la Côte-de-l'Or et du Gabon ».

En 1867, c'était le tour du lieutenant Aymès d'explorer le fleuve. Il dépassait le point atteint par Serval et concluait un traité avec le roi Rénoqué. Il étudiait la lagune Fernan Vaz. On lui doit les cartes hydrographiques les plus précises de l'époque. En 1872, le naturaliste Alfred Marche et le marquis de Compiègne remontaient à leur tour une partie de l'Ogooué. En 1873, l'Anglais Bruce Walker parvenait pour la seconde fois à atteindre l'Ivindo, principal affluent de la rive droite du fleuve.

Le Congo et le Gabon après Brazza

Les membres de la dernière mission Brazza auraient dû remettre un rapport au ministre, mais ils ne furent pas reçus. La mission fut dissoute et on nomma une commission du Congo. En février 1906, une circulaire assurait l'impunité aux auteurs des délits commis dans la colonie. Le rapport de la commission, ainsi que les rapports de Brazza n'ont jamais été publiés. Dix exemplaires en ont été tirés et conservés au secret dans les ministères.

En 1910, Brazzaville devint la capitale de l'Afrique-Equatoriale française, et les régions explorées par Pierre Savorgnan de Brazza furent partagées en deux territoires : le Gabon, devenu territoire d'outre mer en 1946, et le Moyen-Congo. Ce dernier obtint son autonomie en 1958 dans le cadre de la Communauté française, sous le nom de République populaire du Congo, puis son indépendance, ainsi que le Gabon, en 1960. La ligne de chemin de fer Congo-Océan avait été construite d'après le tracé de Brazza et inauguré en 1934.

La IIIe République

La IIIe République est proclamée le 4 septembre 1870. Le Second Empire a disparu dans la tourmente de Sedan. Dès le 22 janvier 1871, le gouvernement de la Défense nationale engage les négociations avec Bismarck. Capitulation de Paris et armistice. Election d'une Assemblée nationale qui ferait la paix fixée au 8 février. Cession à l'Allemagne de toute l'Alsace, sauf Belfort, d'une bonne partie de la Lorraine, paiement de 5 milliards d'indemnité de guerre, entrée des troupes allemandes dans Paris. En Europe, et pour très longtemps, c'est le nouvel empire allemand qui dispose de la puissance prépondérante. Le 18 mars, la Commune de Paris éclate. Les horreurs de la guerre civile et la perte de l'Alsace-Lorraine pèseront pendant plusieurs décennies sur la mémoire collective des Français.

Présidents successifs, politiquement irresponsables, toujours choisis pour leur effacement, sans danger pour les parlementaires (les présidents du Conseil brillèrent aussi par leur insignifiance, à l'exception d'un Jules Ferry et d'un Waldeck-Rousseau) : 71/73, Adolphe Thiers ; 73/79, Mac-Mahon ; 79/87, Jules Grévy ; 87/94, Sadi Carnot ; 94/95, Casimir Perier ; 95/99, Félix Faure ; 99/1906, Emile Loubet.

La IIIe République est un régime marqué par la toute puissance d'une assemblée : la Chambre des députés. Deux groupes à droite, légitimistes et orléanistes ; à gauche, un centre gauche avec Thiers, Casimir Perier partisan d'une république conservatrice ; une gauche républicaine, avec des bourgeois modérés comme Grévy et Ferry ; une Union républicaine que dirigeait Gambetta. Enfin, les Radicaux forment l'extrême gauche. La formule de Gambetta : « La politique est l'art du possible », ouvre la voie à des disciples que l'on appellera les opportunistes.

L'indiscipline est la cause fondamentale de l'instabilité ministérielle. Elle est aussi l'une des raisons de l'inexistence des partis politiques en France avant le début du XXe siècle. C'est la lacune la plus notable du régime. 1881-1882, les lois scolaires font entrer dans les faits, sous l'action de Jules Ferry, l'enseignement primaire obligatoire, gratuit, laïque, pour l'arracher des mains de l'Eglise et ne pas en exclure les enfants des pauvres. La bataille scolaire se transforme en France en une véritable guerre de religion.

La crise « boulangiste » est un des principaux

périls affrontés par la IIIe République. Devenu l'emblème de la force militaire française, il fut surnommé le « général Revanche », perçu comme l'homme capable de tenir tête et de faire reculer Bismarck. En octobre 1887, le boulangisme se transforme en mouvement politique. Certains des amis du général le poussent à s'emparer du pouvoir par un coup d'Etat. Respectueux de la légalité, il refuse. Boulanger finit par s'enfuir à l'étranger, son prestige s'effondre. Le 30 septembre 1891, il se suicide.

De 1896 à la fin du siècle, crise majeure de la IIIe République : l'affaire Dreyfus. 1898, 13 janvier, le journal de Clemenceau, *L'Aurore*, publie, sous le titre « J'accuse ! », une lettre ouverte d'Emile Zola au président de la République. L'affaire Dreyfus devient un drame. L'erreur judiciaire ayant été découverte, les autorités militaires persistent à vouloir la dissimuler. Dreyfusards et anti-dreyfusards s'affrontent violemment. L'affaire contribue au développement des ligues. A la Ligue des droits de l'homme et du citoyen s'oppose la Ligue de la patrie française. Dreyfus, gracié par le président de la République, fut réintégré dans l'armée en 1906.

2 juillet 1901, vote des lois contre les associations religieuses.

9 décembre 1905, la loi de séparation de l'Eglise et de l'Etat souhaitée par le bloc des gauches,

préparée par le rapporteur Aristide Briand, règle le problème de façon équitable. Mais la question de la propriété des biens ecclésiastiques divisa autant les Français que l'affaire Dreyfus.

Les questions coloniales

Une politique d'expansion coloniale s'esquisse dans les années 1880. Elle s'explique en grande partie par la volonté, partagée par des hommes politiques, des hommes d'affaires, et, sur place, par des commerçants, des explorateurs et surtout des officiers, de montrer que la France est encore capable, malgré sa défaite, de jouer un rôle dans le monde.

En quelques années, la France s'installe en Tunisie, au Tonkin, en Annam, au Congo, sur le Niger, et provisoirement à Madagascar. Très souvent, et en particulier en Afrique, ces conquêtes n'ont pas été préparées : l'avance française a été le fruit d'initiatives locales d'explorateurs, ou d'officiers qui s'ennuyaient dans leur poste.

La conquête de la Tunisie et celle du Tonkin relèvent d'une politique de large envergure, celle de Jules Ferry, pour des raisons militaires (nécessité d'obtenir des points d'appui et des bases nouvelles dans le monde entier), économiques (besoin de débouchés et de marchés) et politiques (nécessité, pour maintenir le prestige d'un pays, de porter partout « sa langue, ses mœurs, son drapeau, ses armes et son génie »).

La politique coloniale est attaquée. Par la droite qui dénonce le coût financier des expéditions et les pertes militaires, et surtout par la gauche nationaliste, dont Clemenceau se fait le porte-parole. Pour lui, l'expansion coloniale est une trahison, parce qu'elle rend impossible une politique de revanche. C'est sacrifier l'Alsace-Lorraine au profit de terres lointaines, car la France n'est pas assez forte pour combattre sur deux fronts. Par deux fois (affaire de Tunisie et affaire du Tonkin) le gouvernement Jules Ferry tombe pour cause de problème colonial. L'expansion coloniale de 1880 à 1885 a un caractère chaotique.

A partir de 1890, de grands changements apparaissent. Avec l'alliance russe, la France ne se sent plus isolée sur le continent face à l'empire allemand ; ses arrières assurés, elle regarde plus volontiers vers l'outre-mer. Une propagande pour l'expansion coloniale est lancée par des hommes politiques et des hommes d'affaires.

Ferdinand de Lesseps, que le percement du canal de Suez avait rendu célèbre (et que Gambetta avait appelé « le grand Français »), constitue en 1881 une « Compagnie universelle du canal interocéanique pour le percement de l'isthme américain » de Panama. Difficultés insurmontables, la Compagnie a besoin de fonds. Pour obtenir le vote d'une loi, elle achète des parlementaires. Cela se sait. Un milliard et demi perdu pour les épargnants français.

Une technique de la colonisation est mise au point avec la création de l'Ecole coloniale en 1889, d'une armée coloniale (formée de professionnels et de volontaires) en 1893, d'un ministère des Colonies en 1894. Alors commence la grande période de la colonisation. En une dizaine d'années, la conquête et la pacification de l'Indochine, de Madagascar et d'une grande partie de l'Afrique noire sont menées à bien. Il suffira d'y joindre, à la veille de la guerre, le Maroc, pour constituer le second empire colonial du monde.

Le facteur économique ne semble pas avoir joué un bien grand rôle dans ce domaine (en 1914, les matières premières importées des colonies ne représentaient même pas la dixième partie des matières premières importées des autres pays). Ce sont les facteurs idéologiques et politiques qui ont été déterminants. Persuadés que les conquêtes coloniales apportaient aux populations le bien-être et la liberté, les Français n'ont pas éprouvé de crise de conscience devant le problème de l'impérialisme colonial, pour la simple raison qu'ils y voyaient un moyen d'offrir à des populations arriérées une civilisation qu'ils jugeaient la meilleure du monde, la leur.

Jules Ferry (1832-1893)

Maire de Paris, il démissionna dès la proclamation de la Commune de Paris et revint au pouvoir en 1879. Il fut trois fois ministre de l'Instruction publique de février 1879 à novembre 1883, deux fois président du Conseil de septembre 1880 à mars 1885 et ministre des Affaires étrangères de novembre 1883 à mars 1885. Républicain convaincu, il fit voter les lois sur la liberté de la presse et les libertés syndicales. Il réorganisa l'enseignement (primaire laïque et obligatoire), l'ouvrant aux jeunes filles. Ardent défenseur de l'expansion coloniale, il fut le meilleur soutien politique de Pierre Savorgnan de Brazza. Il fut élu président du Sénat en février 1893, peu avant sa mort.

Léopold II, roi des Belges (1835-1909)

Fils de Léopold Ier, petit-fils de François, duc de Saxe-Cobourg-et-Gotha, il fut souverain de Belgique de 1865 à 1909. Doté d'une forte personnalité, il pratiqua une politique d'expansion économique qui plaça son pays au rang des premières puissances mondiales. Avec Stanley pour bras armé, il créa l'Etat indépendant du Congo, dont il fut reconnu, à la Conférence de Berlin de 1885, souverain à titre personnel et qu'il légua à la Belgique en 1908. Conscient de la menace d'une guerre européenne, il s'employa à renforcer l'armée belge.

Repères géographiques

Situation

La région de l'ouest de l'Afrique qu'explorèrent Brazza et ses compagnons est approximativement inscrite entre le 5° de latitude nord et le 4° de latitude sud. Elle est traversée en son centre par l'équateur et correspond à la totalité des Etats actuels du Gabon et du Congo, à la partie sud du Cameroun et de Centrafrique. Les possessions belges correspondent à l'actuel Zaïre.

Hydrographie

Les fleuves Ogooué et Congo sont des voies de communication vitales. Leur profil se décompose en une succession de canaux étagés et navigables que séparent des rapides peu profonds et encombrés de bancs de sable migrateur. L'Ogooué naît en pays Batéké, traverse les monts du Chaillu et décrit une vaste boucle. Le fleuve a un delta complexe, intérieur et maritime. Outre celui-ci, les deux cours d'eau principaux sont la Sangha et l'Oubangui, tous deux affluents de la rive droite du Congo.

Climat

Le climat subéquatorial domine au Gabon, dans le nord du Congo et le sud de Centrafrique. Deux ou trois mois sont peu arrosés (moins de 50 mm), même au Gabon que traverse l'équateur. Ailleurs, c'est le climat tropical qui domine : humide et de nuance australe dans le sud, avec une saison des pluies scindée en deux parties par une fausse saison sèche entre décembre et février. Les températures moyennes annuelles sont assez élevées, sauf dans les régions montagneuses de l'ouest : 24 à 26 °C au Gabon et au Congo. Faibles amplitudes moyennes : 2,2 à Franceville. Le volume et la fréquence des précipitation déterminent le couvert végétal. La zone des précipitations balaie une grande partie de l'Afrique équatoriale, déterminant le rythme saisonnier des pluies de type tropical. La mousson d'Atlantique envahit l'intérieur du continent. Au solstice de juin, la plus grande partie de l'Afrique équatoriale baigne alors dans un air humide, instable. Des lignes de grains se déplacent vers l'ouest, elles sont génératrices de tornades tropicales : décharges électriques, coups de vent très violents, averses diluviennes transformant les pistes en ruisseaux bourbeux, mais cessant rapidement. Au

Congo, la mousson pénètrant sur le continent en se réchauffant, toute précipitation est exclue : c'est la saison sèche qui se traduit par un plafond nuageux bas et gris, une température assez fraîche, la formation de brouillards et de rosée.

Végétation, paysages

La couverture végétale est très variée, de la forêt humide à la steppe désertique, en liaison avec le climat. La forêt dense couvre 60 à 65 millions d'hectares au sud du 5° parallèle. Ses limites sont imprécises et d'un dessin complexe, sinueux. Au Congo et au Gabon, sur la lisière méridionale, le domaine forestier est repoussé jusqu'à l'équateur par une grande « poche » de savanes, qui coïncide avec l'extension des formations batékés, sableuses, perméables. En outre, la savane pénètre très avant dans la dépression Niari-Nyanga. Fragile, la forêt se compose de sous-bois dégagés, avec une voûte continue de feuillages créant une semi-obscurité. On trouve l'alep, l'ozigo et l'okoumé au Gabon. Dans la cuvette congolaise, le Mayombé et le Chaillu, on distingue l'ayous, le fromager et le limba. Une forêt plus clairsemée se rencontre au Congo septentrional. Les mangroves sont présentes dans la partie nord du littoral camerounais et aux embouchures des fleuves : palétuviers, pandanus, palmiers.

Au sud comme au nord, la forêt cède la place

aux formations herbeuses des savanes qui connaissent le rythme tranché de la saison sèche avec jaunissement et chute des feuilles que suit une repousse rapide dès les premières pluies.

Repères ethnographiques

Les pygmées sont les plus anciens. Si leurs territoires furent plus vastes autrefois, ils se cantonnent maintenant dans les zones forestières : Lobaye, nord du Congo, sud-est du Cameroun, Gabon oriental, massif du Chaillu, Mayombe. Ils seraient trois mille au Gabon, peut-être six mille au Congo.

Les Noirs occupent la majeure partie de l'Afrique équatoriale, mais il n'y a guère de points communs entre les uns et les autres. Les divisions principales sont fondées sur les langues : au groupe Bantou appartiennent toutes celles qui sont parlées au Congo et au Gabon, dans le sud de Centrafrique et du Cameroun, les autres se rattachent au groupe soudanais, mais on parle volontiers de « semi-Bantou ». A l'intérieur de chacun de ces ensembles, la division est extrêmement poussée, les groupes se divisant en sous-groupes ayant leurs propres dialectes. D'où l'usage de « langues véhiculaires » dont les plus connues sont le kikongo dans le Congo méridional et le lingala dans le Congo septentrional.

Les Blancs sont essentiellement des arabes, nomades ou sédentaires, et se rencontrent plus au nord, au Tchad, en Centrafrique.

Second traité Makoko par lequel fut créée la station de N'cuma (future Brazzaville)

« Au nom de la France et en vertu des droits qui m'ont été conférés le 10 septembre 1880 par le roi Makoko, le 3 octobre 1880 j'ai pris possession du territoire qui s'étend entre la rivière d'Iné et Impila. En signe de cette prise de possession, j'ai planté le pavillon français à Okila, en présence de Ntaba, Scianho-Ngackala, Ngacko, Juma N'voula, chefs vassaux de Makoko, et de Ngaliémé, le représentant officiel de son autorité en cette circonstance. J'ai remis à chacun des chefs qui occupent cette partie du territoire un pavillon français, afin qu'ils l'arborent sur leurs villages en signe de ma prise de possession au nom de la France. Ces chefs, officiellement informés par Ngaliémé de la décision de Makoko, s'inclinent devant son autorité et acceptent le pavillon, et par leur signe fait ci-dessous donnent acte de leur adhésion à la cession du territoire faite par Makoko. Le sergent Malamine, avec deux matelots, reste à la garde du pavillon et est nommé provisoirement chef de la station française de N'cuma.

Par l'envoi à Makoko de ce document fait en

triple et revêtu de ma signature et du signe des chefs, ses vassaux, je donne à Makoko acte de ma prise de possession du territoire pour l'établissement d'une station française.

Fait à N'cuma, dans les Etats de Makoko, le 3 octobre 1880.

L'enseigne de vaisseau : Pierre Savorgnan de Brazza (signature).

Ont apposé leur signe :
le chef Ngaliémé, représentant de Makoko ; le chef Scianho Ngackala, qui porte le collier d'investiture donné par Makoko et commande à N'cuma sous la souveraineté de Makoko ; le chef Ntaba ; le chef Ngacko ; le chef Juma N'voula. »

Extrait d'une lettre de Jacques de Brazza, rédigée à Libreville, au Gabon, le 23 février 1883

« J'espère que tu seras heureux d'apprendre que j'ai eu la fièvre. Quant à moi, j'en suis très content parce que j'ai appris comment on la traite et que, maintenant, je n'aurai plus que les rares accès qui durent quelques heures et qui n'arrivent qu'une fois par mois environ. J'ai été malade, ainsi que me l'avait prédit le médecin, comme tous les Européens qui arrivent pour la première fois au Gabon ; généralement après quinze ou vingt jours la fièvre arrive et dure cinq, six, et au plus huit jours, après quoi tout est fini.

Ma fièvre a duré six jours ; le thermomètre n'a jamais marqué que 39 degrés 5 ; depuis ces six jours, j'ai retrouvé mon solide appétit et me voici, depuis le 19, en pleine santé et fort gai.

Attilio a eu également la fièvre un jour après moi, le lendemain, plus de fièvre et grand appétit. Conclusion : nous nous portons tous bien et nous nous préparons à partir pour Lambaréné d'ici trois ou quatre jours au plus tard (...) De temps en temps, sur mon papier blanc, court quelque blatte, mais on ne s'en inquiète pas, attendu que cet insecte infeste toutes les cases et s'y cache partout. Nginghé, un des hommes qui étaient avec Pierre dans la première expédition et qui maintenant est avec nous, a un petit garçon tout petit qui marche comme une oie, il s'appelle Joseph. Le petit Joseph est toujours à sautiller dans les deux chambres qui forment notre grand appartement, c'est un vrai crapaud tout nu ; il a seulement pendu au cou avec une ficelle comme un gros cigare de La Havane de la couleur d'un nerf de bœuf sec ; devine un peu quel est ce cigare ? c'est un morceau de son cordon ombilical que, à sa naissance, on lui a suspendu au cou pour le défendre des maladies que peuvent avoir les enfants. »

A propos des récits concernant les missions de Brazza

Pierre Savorgnan de Brazza n'a jamais rédigé de récit de ses voyages dans l'Ouest africain. Les textes de ses conférences et certaines lettres ont été publiés par Napoléon Ney en 1887. Le livre annonçait que Brazza publierait un compte rendu d'expédition dans la revue d'Edouard Charton *Le Tour du Monde* (Hachette). Brazza en avait confié la rédaction à l'un de ses compagnons, Dutreuil de Rhins. La première partie fut achevée, imprimée. Brazza la dénonça comme ne reflétant pas sa pensée et s'opposa à ce qu'une autre livraison ait lieu. Paul Crampel fut pressenti pour poursuivre ce travail, en vain. Comment suivre Brazza ? Parlant d'un autre prétendant à la rédaction des Mémoires de l'explorateur, Brazza dit un jour à Chavannes : « Il croit, lui aussi, qu'il restera toujours avec moi ; laissez-leur donc cette douce illusion, vous qui savez à quelle sauce risquent d'être mis mes secrétaires. Le jour où D'jombo ou Foumangoï (les deux boys indigènes qui ont servi Brazza) posséderont à fond la langue française et pourront cumuler avec les fonctions de secrétaire celles de marmiton, cuisinier, boy, interprète, acheteur, voire même pagayeur, si ce n'est porteur, alors je pourrai espérer avoir un secrétaire qui m'accompagne. »

L'histoire des voyages de Pierre Savorgnan de Brazza ne fut donc jamais écrite.

Avril 1883 :
problèmes de logement à Libreville

« Dans ce temps, écrit Charles de Chavannes dans son livre *Avec Brazza*, les agents de l'Ouest africain, ne sachant où manger ni dormir, se lamentaient (...) Je les invitai à acquérir, si possible, des moustiquaires ; pour le problème de la nourriture, nous pouvions organiser une popote provisoire en nous faisant livrer des rations de marins puisqu'elles étaient prévues comme prestations. Sur leur consentement, je me mis à la recherche de Blondel (fonctionnaire chargé de la délivrance des rations) pour obtenir les bons nécessaires. On m'indiqua comme habitée par Blondel une case très modeste. J'y entrai. Une pièce, une table, un tas de registres ; il n'y avait personne. J'appelai : un grognement inarticulé se fit entendre derrière la cloison d'une pièce voisine et je poussai la porte. Horreur ! Dans la pénombre de rideaux tirés, sur une literie de fortune abominablement crasseuse, une négresse sans âge, entièrement nue, se prélassait sur le dos, fumant sa pipe. Mon apparition avait été accueillie par elle d'un regard hébété de brute, tandis qu'elle subissait, totalement indifférente, l'assaut malpropre d'un animateur d'occasion. Je reculai brusquement, fermant la porte sur cette vision hideuse et me pressai de fuir.

Serpents, moustiques, scorpions et autres vermines

« A l'aube du 15 juillet 1883, raconte Charles de Chavannes, alors que le camp s'éveille à peine, j'entends des appels violents de M. de Brazza : " Etouké ! Etouké ! " (c'est le nom de son boy). Qu'arrive-t-il ? Je me précipite et je trouve le commandant en chemise, hors de sa tente sous laquelle Etouké et d'autres Noirs s'escriment, avec force cris, contre un serpent qui avait fait compagnie à M. de Brazza sous la moustiquaire. Quelle répugnante surprise à son réveil ! Pas de mal au dormeur, heureusement. Le reptile fut tué et emporté avec soin pour figurer honorablement au repas de quelques pagayeurs. Les découvertes dans les couches, de scorpions énormes et de myriapodes venimeux, étaient fréquentes quand on levait le campement le matin, mais ne causaient, celles-là, aucune alerte ; on y était habitué (...) Une invraisemblable pullulation de puces et une invasion incroyable de *pullex penetrans* (chique en langage commun) a coïncidé avec l'arrivée des pluies. L'extraction obligée de ce dernier insecte maudit constitue une obligation journalière sans agrément (...) En vue de l'épuisement de notre provision de bougies, qui est assez minime, j'ai imaginé, à l'instar des indigènes, d'extraire des termites par dessiccation, ébullition prolongée et décantation convenable, une huile très claire et fluide qui, mise dans une boîte de conserve vide et imbibant une mèche de coton faite de tissu effiloché, donne une flamme blanche sans fumée. J'ai adopté cette veilleuse pour ma paillote (...) Le 7 novembre, je vois venir à moi Ali-Fall, presque porté par ses camarades ; il vient d'être piqué dans le dos, entre les omoplates, par un serpent vert à venin mortel tombé des hautes branches pendant qu'il travaillait baissé. Vite, je commande à mon boy de mettre une baguette de fusil à rougir au feu, tandis qu'un laptot procède courageusement à la succion de la plaie. Trois minutes ne se sont pas écoulées depuis l'accident que mon fer, porté au blanc, est prêt ; mais déjà, autour du point où le reptile a piqué, le venin a engendré une enflure considérable. Vite, je fais coucher Ali-Fall à plat ventre, et le fais maintenir par quatre hommes pendant que, hardiment et largement, je cautérise la plaie (...) Ali-Fall fut très malade pendant plus d'un mois et je crus le perdre, puis se rétablit très rapidement. »

Lettre du sergent Malamine à Pierre Savorgnan de Brazza, écrite à Gorée, le 26 novembre 1885

« Monsieur et bienfaiteur,

« En réponse à votre aimable souvenir, je vous remercie beaucoup des cent francs que vous avez eu la bonté de m'envoyer qui, je vous assure, ont été les bienvenus. Car je n'avais plus un sou pour acheter du tabac. Je ne suis pas encore guéri, mais d'ici à quelques temps, je serai encore debout et prêt pour aller à la chasse vous accompagner, car j'espère vous voir avant longtemps.

« Rien de plus pour le moment si ce n'est que je vous trouve en bonne santé.

« J'ai l'honneur d'être, avec respect, votre obéissant serviteur.

« Sergent Malamine. »

Au début de l'année 1886, une dépêche du gouverneur du Sénégal faisait connaître à Brazza, à Paris, la mort de Malamine. Charles de Chavannes a vainement cherché sa sépulture au Sénégal.

Repères culturels

Les premiers livres pour enfants datent du Second Empire, avec les éditions des romans de la comtesse de Ségur ou de Jules Verne, et le lancement des grandes collections, la « Bibliothèque bleue » ou « rose ». Les périodiques illustrés ont un grand succès, à l'exemple du *Magasin pittoresque* de Charton. L'éditeur Hetzel rassemble une équipe prestigieuse avec Jules Vernes, Jean Macé, Hector Malot et Viollet-le-Duc. Les sciences et les explorations sont largement utilisées dans la littérature. On dénombre 43 Robinsons français entre 1840 et 1875. Les héros favoris des écrivains sont des ingénieurs, savants, explorateurs. Charcot vouait un véritable culte à Jules Verne. Lyautey, Cocteau, Appolinaire témoignent aussi de cette influence. Les grandes revues sont outre la *Revue des Deux Mondes, la Nouvelle Revue* et *la Revue bleue.* 1873, on admire les estampes japonaises d'Hokusai. Monet, Renoir, Pissarro renoncent au gris ; Manet, Degas, Cézanne adoptent la palette claire. 1884-1888, la plupart des œuvres de Tolstoï et Dostoïevski sont traduites en français. 1896, Verlaine est mort. On vient de créer la Schola Cantorum, pour étudier et remettre à l'honneur la musique religieuse. Les Concerts Pasdeloup datent de 1861, Colonne de 1873, Lamoureux de 1881. Le 28 décembre 1897, *Cyrano de Bergerac* d'Edmond Rostand triomphe à la porte Saint-Martin. 1898, Pierre et Marie Curie découvrent le radium. Au temps de l'affaire Dreyfus, Zola, Anatole France, les philosophes intellectualistes et rationalistes dominent les courants de pensée. C'est toujours Aristide Bruant que l'on chante. Dans les années 1900, de nouveaux noms s'imposent : Barrès, Maurras, Péguy, Claudel. 1905, le fauvisme, les peintres de la « cage aux fauves » : Vlaminck, Derain, Dufy et Matisse.

Bibliographie

Ouvrages disponibles

Jean AUTIN : *Pierre Savorgnan de Brazza, un prophète du tiers monde,* Librairie Académique Perrin, Paris 1985, 320 pages.
(L'ouvrage le mieux documenté. Un éclairage indispensable sur le contexte politique de l'œuvre de Brazza. Une bibliographie particulièrement détaillée et d'émouvantes illustrations.)

Robert ARNAUD : *Sur les traces de Stanley et Brazza,* Mercure de France, Paris 1989, 618 pages.

Henri BRUNSCHWIG : *L'Afrique noire au temps de l'empire français, l'aventure coloniale de la France,* collection Destins croisés, Denoël, Paris 1988, 280 pages.

Pierre VENNETIER : *L'Afrique équatoriale,* collection « Que sais-je ? » 1522, Presses universitaires de France, 128 pages.

Xavier YACONO : *Histoire de la colonisation française,* collection « Que sais-je ? » 452, Presses universitaires de France, 128 pages.

Joseph CONRAD : *Au cœur des ténèbres,* GF-Flammarion n° 530.

Ouvrages épuisés

René MARAN : *Savorgnan de Brazza,* Editions du Dauphin, Paris 1951, 250 pages.

Avec Brazza (1935) et *Le Congo français* (1937), Librairie Plon, Paris, 800 pages. (La chronique au jour le jour du Congo et des missions Brazza entre 1883 et 1894. Une mine inépuisable.)

Général DE CHAMBRUN : *Brazza,* Plon, Paris 1930.

Merci à M. Roger Lemarc, de la Bibliothèque nationale et à Mme Dominique Clemenceau, responsable du patrimoine historique de Louis Vuitton, pour l'aide amicale qu'il nous ont apportée.

TABLE DES MATIÈRES

Références photographiques

Couverture : Pierre Savorgnan de Brazza, tableau de Monchablon, 1886, Musée des Arts Africains, Paris. Photo Charmet.

Photos Couleur

Toutes ces photos ont été fournies par l'Agence Hoa-Qui.
I : Nicolas Hulot pendant le tournage d'Ushuaia en Afrique. Photo Sygma, Maubec. – II-III : Congo, Chutes de Foula-Kar. Photos Renaudeau. – IV-V : Congo, famille devant sa hutte. Photo Renaudeau. – VI-VII : Gabon, rivière Ivindo. Photos Marenthier et Huet. – VIII : Congo, homme bleu. Photo Lainé.

Photos Noir et Blanc

8. Voyage de Livingstone. Photo Charmet. – 12. Savorgnan de Brazza par J. Corabeuf, 1902. Photo Roger-Viollet. – 24/25 Ecole coranique au Sénégal. Photo Charmet. – 30. Capture d'un hippopotame Photo droits réservés. – 45. Supplice d'un juif qui avait tué un musulman. Photo droits réservés. – 69. Surpris par un hippopotame. Photo droits réservés. – 76. Expédition de Stanley, 1890. Photo Charmet. – 88/89. A travers le continent noir ; jeu d'enfant, fin du XIXe siècle. Photo Charmet. – 100/101 Savorgnan de Brazza et le Makoko. Photo Charmet. – 113. Rencontre d'Emin Pacha et de Stanley. Photo Charmet. – 120. Savorgnan de Brazza, par Paul Nadar. Photo Charmet. – 136/137. Le grand féticheur du roi Makoko souhaitant la bienvenue à Savorgnan de Brazza. Photo Charmet. – 146/147. Ouverture du Congrès de Berlin. Photo Charmet. – 160. Savorgnan de Brazza, 1905. Photo Charmet. – 172/173. Le roi Makoko et sa cour. Archives nationales. Photo Charmet. – 204. Savorgnan de Brazza. Photo Roger-Viollet. – 222. Jacques de Brazza. Photo droits réservés.

Achevé d'imprimer
par Maury-Eurolivres
45300 Manchecourt
N° d'imprimeur : 92/03/M0460
N° d'éditeur : 9268